# à la di Stasio 3

# à la di Stasio 3

recettes de Josée di Stasio
photographiées par Jean Longpré

Flammarion
Québec

**Catalogage avant publication de Bibliothèque
et Archives nationales du Québec et Bibliothèque et Archives Canada**

Di Stasio, Josée

À la di Stasio. 3

Fait suite à : À la di Stasio, et à, Pasta et cetera à la di Stasio.

Comprend un index.

ISBN 978-2-89077-424-7

1. Cuisine. I. Titre.

TX714.D522 2011          641.5     C2011-941951-3

Du même auteur

À la di Stasio, Josée di Stasio, photos Louise Savoie, Flammarion Québec, 2004.

PASTA ET CETERA à la di Stasio, Josée di Stasio, photos Jean Longpré, Flammarion Québec, 2007.

À la di Stasio, c'est aussi une émission de télévision animée par Josée di Stasio, diffusée à Télé-Québec et produite par Zone3.

La recette de soupe indienne de lentilles rouges est tirée de At Home with Madhur Jaffrey publié par Knopf.

La recette de tarte-croustade aux pommes est tirée de Home Baking : The Artful Mix of Flour and Tradition Around the World de Jeffrey Alford et Naomi Duguid publié par Random House Canada.

Conception et réalisation graphiques : Boha design

Photos : Jean Longpré

Assistant-photographe et traitement des images : Maxime Desbiens

Consultante et styliste culinaire : Josée Robitaille

Assistante-styliste culinaire : Laure Corten

Assistant en cuisine : Blake Mackay

ISBN : 978-2-89077-424-7

Dépôt légal : 4e trimestre 2011

Cet ouvrage a été imprimé par l'imprimerie Friesens au Manitoba, Canada.

www.flammarion.qc.ca

# TABLE DES MATIÈRES

À ma grand-mère Laurence.
C'est dans sa cuisine que
tout a commencé.

J'ai abordé ce projet en me disant : «C'est mon troisième livre, ça me prendrait vraiment un concept!»

Des concepts, j'en avais plein, de toutes sortes.

Puis le temps a passé.

J'ai beaucoup réfléchi. Beaucoup cuisiné. Reçu beaucoup d'amis.

Et là, ça m'a frappée : lorsque je reçois des gens que j'aime, il n'y en a pas de concept!

J'ai donc décidé qu'il en irait de ce livre comme des belles soirées autour de mon comptoir…

Je vous invite à célébrer avec moi la bonne cuisine maison.

Une cuisine simple, chaleureuse, généreuse.


Cuisiner, c'est transmettre son plaisir : le plaisir pris à pétrir, malaxer, déchirer, tourner, mélanger, se transforme en plaisir partagé.

Je vous invite dans une cuisine qui sent bon le pain chaud, les herbes et le chocolat, remplie de couleurs et de vie.

Parcourir ce livre, c'est comme farfouiller dans les pages un peu cornées de mon propre carnet de recettes,

marquées ici et là du souvenir d'une belle sauce tomate ou d'une goutte d'huile d'olive égarée…

Tout commence avec de bons produits. Des ingrédients frais et colorés.

Parce que lorsque c'est beau, c'est bon, ça nous rend heureux et ça nous fait du bien!

Des produits locaux, de saison, peu transformés.

Choisissez nos maraîchers, nos marchés publics et nos marchands de quartier : chacun à leur manière,

ils insuffleront un supplément d'âme à toute recette…

Finalement, parce qu'on manque toujours de temps, parce qu'on n'aura jamais trop d'idées délicieuses et pratiques,

j'ai pensé ajouter une petite section que j'ai baptisée «Dans le garde-manger» :

de petits riens, simples et rapides, pour ajouter le trait de couleur, la note de saveur qui feront toute la différence

et viendront mettre une étincelle dans vos repas de tous les jours, comme les soirs de fête.

Autant d'astuces très simples, vous verrez, mais qui vous faciliteront la vie en cuisine.


Mon plus grand souhait serait que ce recueil soit gourmand, convivial et vivant ;

qu'il trouve sa place dans votre cuisine, à la portée des doigts collants et des mains enfarinées…

Surtout, je vous en prie, n'ayez pas peur d'en tacher les pages.

C'est le plus bel hommage que l'on puisse faire à un livre de recettes.

*Mangia, mangia, ti fa bene.*

- Donna Leon

chips de pita
croûtons
chapelure dorée
dukkah
gomasio
pacanes caramélisées
beurre olives noires et orange
beurre parmesan et poivre
beurre au sriracha
beurre câpres et citron
mayonnaise au basilic
sauce cocktail au curry
mayonnaise moutarde et miel
mayonnaise au parmesan
mayonnaise de tofu
huile parfumée au basilic
sauce yogourt coriandre
sauce chimichurri
tombée d'échalotes et câpres
sauce vierge
salsa aux agrumes
sauce soleil rouge
citrons confits

# DANS LE GARDE-MANGER

# Chips de pita

Pains pitas
Huile d'olive
Épices, au choix (facultatif) : curry, cumin, paprika,
    sumac, zaatar (p. 212)
Sel et poivre du moulin

Préchauffer le four à 180 °C (350 °F).

Ouvrir les pains pitas en deux, badigeonner
l'intérieur d'huile et assaisonner selon votre goût.

Laisser entiers ou couper en pointes. Déposer
sur une plaque et faire cuire au four de 8 à
10 min jusqu'à ce que les pitas soient bien
croustillants et dorés.

Très souvent, je cuis les pitas entiers et je les
empile dans une assiette pour accompagner les
trempettes, les soupes, les fromages…

# Croûtons

Pain à mie compacte, sans la croûte, en cubes
    de 1,5 à 2 cm (½ à ¾ po)
Huile d'olive
Aromates, au choix : curry, ail, herbes de Provence ou
    romarin moulu
Sel

Préchauffer le four à 180 °C (350 °F).

Sur une plaque, mettre les cubes de pain,
ajouter de l'huile et les aromates choisis.
Avec les mains, mélanger le pain pour bien
l'enrober et saler.

Cuire les croûtons de 12 à 15 min jusqu'à ce
qu'ils soient légèrement dorés. Remuer
régulièrement durant la cuisson. Éteindre le four
et laisser les croûtons sécher quelques heures.

On les utilise pour garnir les potages et les
salades. Les croûtons se conservent dans un
contenant métallique hermétique quelques
semaines.

# Chapelure dorée

Chapelure moyenne
Huile d'olive
Aromates, au choix (facultatif) : zeste de citron, origan,
    romarin, sauge, séchés ou moulus, ou
    un mélange d'épices.

Préchauffer le four à 180 °C (350 °F).

Mettre la chapelure sur une plaque, arroser d'un
filet d'huile, ajouter les aromates choisis si désiré
et mélanger à l'aide des mains. Étaler la
chapelure.

Cuire au four environ 12 min en remuant à
quelques reprises afin de dorer uniformément.

Mettre la chapelure dans un contenant
métallique hermétique pour la conserver quelques
semaines.

La chapelure dorée garnit un hachis Parmentier,
un pâté au poisson (p. 130), un macaroni,
un plat d'asperges ou de haricots verts.

# Du crounche…

# Dukkah

## 160 ml (⅔ tasse)

2 c. à thé de graines de coriandre
2 c. à thé de graines de fenouil
Graines de cumin, au goût
6 c. à soupe de graines de sésame rôties
160 ml (⅔ tasse) de pistaches, de noisettes ou
   d'amandes, rôties (p. 202), mondées, hachées
½ c. à thé de fleur de sel ou de sel

Pour accentuer la saveur, on torréfie les graines (p. 200). Les laisser refroidir avant de les broyer grossièrement au mortier, à l'aide d'un moulin à café ou en les écrasant avec le fond d'une petite casserole.

Dans un bol, mélanger tous les ingrédients. Transférer le dukkah dans un contenant hermétique et conserver à température ambiante.

Un concassé
de noix et d'épices,
un mélange populaire
en Égypte.
Servir à l'apéro en
trempette avec du pain
et de l'huile d'olive,
pour accompagner des
œufs durs et des crevettes
sautées, pour garnir
du fromage cottage,
ricotta, feta,
un plat de riz ou
de quinoa.

# Gomasio

## 125 ml (½ tasse)

125 ml (½ tasse) de graines de sésame
2 c. à thé de sel de mer

Préchauffer le four à 180 °C (350 °F).

Dans un petit bol, mélanger les graines de sésame et le sel.

Transférer sur une plaque et cuire au four de 7 à 8 min jusqu'à ce que les graines soient dorées, en remuant à quelques reprises. On peut également les rôtir dans une poêle, à feu moyen, en brassant constamment. Laisser refroidir.

Broyer grossièrement au mortier. Il est aussi possible d'utiliser un moulin à café ou un petit robot culinaire, en actionnant par touches successives pour ne pas moudre trop finement.

Transférer dans un contenant hermétique et garder au réfrigérateur.

Un mélange de sel
et de graines de sésame.
Servir sur des salades, des
légumes verts (asperges,
épinards, brocoli,
broccolini, haricots,
concombres), du riz ou
du quinoa, des sautés,
des œufs durs.

# Pacanes caramélisées

## 310 ml (1 ¼ tasse)

60 ml (¼ tasse) de sirop d'érable

⅛ à ¼ c. à thé de piment de Cayenne, d'Alep ou
d'Espelette (facultatif)

310 ml (1 ¼ tasse) de pacanes ou de noix de Grenoble

¼ c. à thé de sel

Délicieuses
en mignardises
ou pour
accompagner
un fromage
en fin de repas.
Vous risquez
de voir le fond
du pot avant de
les utiliser dans
une recette.

Préchauffer le four à 190 °C (375 °F). Couvrir une plaque de papier parchemin.

Dans un bol, mélanger le sirop d'érable et le piment si désiré. Ajouter les pacanes et bien les enrober. Les étendre sur la plaque sans les superposer. Saupoudrer de sel.

Cuire au four de 10 à 12 min jusqu'à ce que le sirop commence à brunir, sans laisser les noix brûler.

Attendre que les pacanes refroidissent avant de les détacher. Elles se conservent plusieurs jours dans un contenant hermétique.

**La prochaine fois** Remplacer le piment par ½ c. à thé de curry de Madras.

BEURRES
PARFUMÉS

# Beurre olives noires et orange

125 ml (½ tasse) de beurre demi-sel à température
    ambiante
60 ml (¼ tasse) d'olives noires hachées grossièrement
1 c. à soupe de zeste d'orange râpé finement
1 c. à soupe de graines de coriandre écrasées
3 c. à soupe de persil haché finement
¼ c. à thé (au goût) de piments broyés ou de
    sauce piquante

# Beurre parmesan et poivre

125 ml (½ tasse) de beurre demi-sel à température
    ambiante
60 ml (¼ tasse) de parmesan râpé
1 ½ c. à thé de poivre grossièrement écrasé

# Beurre au Sriracha

125 ml (½ tasse) de beurre demi-sel à température
    ambiante
1 c. à thé (au goût) de sauce Sriracha ou autre piment
2 c. à soupe de ciboulette hachée finement

# Beurre câpres et citron

125 ml (½ tasse) de beurre demi-sel à température
    ambiante
1 c. à soupe de fleur d'ail dans l'huile (p. 210) (facultatif)
1 c. à soupe de câpres rincées, hachées finement
4 c. à soupe de persil ou un mélange ciboulette et
    persil, hachés finement
1 c. à thé de zeste de citron râpé finement

Dans un bol, mettre tous les ingrédients et les
amalgamer à l'aide d'une fourchette. Déposer
sur une pellicule plastique, du papier ciré ou du
papier parchemin. En refermant la feuille,
façonner un rouleau. Se conserve au congélateur
de 2 à 3 mois.

Délicieux sur des légumes vapeur, pour donner
du punch à une sauce, sur une viande rôtie ou
une grillade sur le barbecue, pour enrober une
pâte, un quinoa, du riz ou de l'orzo. On peut
aussi en glisser un morceau dans une papillote,
un sandwich, sur du maïs. Ou simplement pour
accompagner un bon pain, avec plusieurs
parfums dans des ramequins, avant le repas
ou avec une soupe.

On n'utilise pas assez les beurres composés.
Comme ils se conservent bien au congélateur ou
au réfrigérateur, on peut toujours en avoir une
variété sous la main.

# MAYO PARFUMÉES

C'est fou comme une
lichette de mayonnaise
parfumée peut faire toute
la différence dans un
sandwich ou un burger.
Eh oui, aussi une
mayonnaise de tofu !
Vous serez surpris !

# Mayonnaise au basilic

250 ml (1 tasse) de mayonnaise
250 ml (1 tasse) de basilic ciselé
2 c. à thé de moutarde de Dijon
Zeste de citron finement râpé
3 c. à soupe d'oignons verts ou de ciboulette,
  hachés finement (facultatif)

Dans un bol, mélanger tous les ingrédients.
Réserver au frigo.

# Sauce cocktail au curry

250 ml (1 tasse) de mayonnaise
2 c. à thé de curry de Madras moulu
4 c. à soupe de ketchup
Tabasco
Parfums, au choix : zeste de citron, sauce
  Worcestershire, une larme de cognac ou
  de brandy

# Mayonnaise moutarde et miel

125 ml (½ tasse) de mayonnaise
2 à 3 c. à soupe d'aneth haché finement
1 à 2 c. à thé de miel
3 c. à soupe de moutarde à l'ancienne
½ c. à thé de zeste de citron râpé finement
Sel et poivre du moulin

Servir avec le saumon frais ou mariné et dans un
sandwich au poulet.

# Mayonnaise au parmesan

125 ml (½ tasse) de mayonnaise
4 c. à soupe de parmesan râpé
2 c. à thé de jus de citron
Quelques gouttes de sauce Worcestershire
Poivre du moulin

Dans un sandwich aux tomates, un BLT,
un sandwich au poulet...

# Mayonnaise de tofu

## 330 ml (1 ⅓ tasse)

170 g (6 oz) de tofu mou
80 ml (⅓ tasse) d'huile d'olive
4 c. à soupe de moutarde de Dijon ou à l'ancienne
2 c. à thé de jus de citron ou de vinaigre
Sel ou tamari
Poivre du moulin

Mettre le tofu et l'huile dans le récipient du
mélangeur ou d'un petit robot culinaire. Mélanger
jusqu'à l'obtention d'une consistance onctueuse.
À l'aide d'une spatule, nettoyer le contour du
récipient. Ajouter la moutarde, le jus de citron,
le sel et le poivre et mélanger de nouveau.

Cette sauce se conserve au réfrigérateur
de 5 à 7 jours.

La prochaine fois  Aux herbes : Incorporer de
l'estragon, de la ciboulette ou du basilic, hachés.
Avec câpres ou cornichons salés hachés finement.

# HERBES FRAÎCHES

# Huile parfumée au basilic

## 375 ml (1 ½ tasse)

500 ml (2 tasses) de feuilles de basilic bien tassées
2 à 3 c. à thé de fleur d'ail dans l'huile (p. 210)
   ou 1 gousse d'ail pressée (facultatif)
180 ml (¾ tasse) d'huile d'olive
¼ c. à thé de sel

Dans le bol du robot culinaire, mettre le basilic et la fleur d'ail si désiré. Actionner l'appareil et ajouter l'huile en un long filet. Saler. Vérifier l'assaisonnement.

Transvider dans un bocal hermétique et conserver au réfrigérateur jusqu'à 1 semaine.

Pour les salades de tomates, de légumineuses, de pâtes… Sur les poissons, les pâtes, les soupes…

# Sauce yogourt coriandre

## 180 ml (¾ tasse)

125 ml (½ tasse) de yogourt ferme ou égoutté (p. 206)
2 c. à soupe de coriandre hachée
Zeste de 1 lime
Jus de ½ lime
1 c. à soupe d'huile d'olive
Sel et poivre du moulin

Mélanger tous les ingrédients dans un bol.

En trempette avec des crudités ou pour accompagner les légumes rôtis, le poulet grillé chaud ou froid, le saumon fumé ou le gravlax, le burger d'agneau.

# Sauce chimichurri

## 250 ml (1 tasse)

2 gousses d'ail pressées
250 ml (1 tasse) de feuilles de persil (ou un mélange persil et coriandre), bien tassées
¼ à ½ c. à thé de piments broyés ou de jalapeño frais haché finement
3 c. à soupe de jus de citron ou de vinaigre de vin blanc
125 ml (½ tasse) d'huile d'olive
Sel

Dans un mortier ou un bol, mettre l'ail et un peu de sel. Pour obtenir une pâte, écraser à l'aide d'un pilon ou avec le dos d'une cuillère.

Hacher le persil finement. Dans un bol, mélanger tous les ingrédients.

Transvider dans un bocal hermétique et conserver au réfrigérateur jusqu'à 1 semaine.

Cette sauce est délicieuse avec les viandes grillées, le poulet rôti, les légumes vapeur, tout simplement badigeonnée sur une tranche de pain croûté ou comme condiment dans un sandwich au thon ou au rôti de bœuf.

La chimichurri est une sauce au persil qui nous vient d'Argentine et d'Uruguay. Très piquante à l'origine, en voici une version moins «infernale».

# SAUCES
# RAPIDES
# POUR
# POISSONS

# Tombée d'échalotes et câpres

## 180 ml (¾ tasse)

125 ml (½ tasse) d'huile d'olive
2 c. à soupe de câpres rincées, égouttées
1 c. à soupe de feuilles de thym
1 pincée de piments broyés
3 échalotes françaises hachées finement

Mettre tous les ingrédients dans une petite casserole. Chauffer à feu moyen-doux environ 8 min. Servir chaude ou à température ambiante.

# Sauce vierge

## Environ 500 ml (2 tasses)

375 ml (1 ½ tasse) de tomates ou de tomates cerises épépinées
2 c. à soupe de câpres rincées, égouttées, hachées grossièrement
250 ml (1 tasse) de roquette hachée
80 ml (⅓ tasse) d'huile d'olive
Sel et poivre du moulin

Couper les tomates en cubes. Les mettre dans un bol. Saler légèrement si les câpres le sont déjà. Ajouter les câpres, la roquette et l'huile.

Au service, donner quelques tours de moulin à poivre. Cette sauce est aussi très bonne sur des toasts en bruschetta.

# Salsa aux agrumes

## 250 ml (1 tasse)

1 citron
2 oranges
2 c. à soupe d'huile d'olive
125 ml (½ tasse) de persil haché grossièrement
3 c. à soupe de ciboulette ou 2 oignons verts, hachés finement
Piments broyés
Sel ou fleur de sel et poivre du moulin

Râper le zeste du citron dans un bol. Peler à vif les oranges et le citron. Prélever les suprêmes et couper en morceaux de 0,5 cm (¼ po).

Mettre dans un bol avec tous les ingrédients et mélanger.

Servie à température ambiante, cette sauce est aussi délicieuse avec des betteraves rôties ou du poulet.

D'abord, rapides ! Ensuite, la touche qui fait d'un poisson tout simple un plat festif. Et puis, en changeant de sauce, le même poisson devient un nouveau plat !

# Sauce soleil rouge

## 2 l (8 tasses)

3 c. à soupe d'huile d'olive

1 oignon en dés

2 kg (4 ¼ lb) de tomates italiennes ou autres,
   bien mûres, émondées (p. 206), en cubes

2 c. à soupe de pâte de tomates

2 poivrons rouges en dés

2 gousses d'ail hachées

200 g (7 oz) d'olives vertes dénoyautées,
   en 2 ou en 4 (facultatif)

1 c. à thé de curcuma

1 c. à thé de feuilles de thym

500 ml (2 tasses) d'eau

Sel

Une sauce vraiment délicieuse et magnifique, remplie de soleil comme son nom l'indique, qui se sert chaude, tiède ou froide... à toutes les sauces !

Dans une casserole, chauffer l'huile à feu moyen-doux et faire fondre l'oignon jusqu'à ce qu'il soit transparent.

Ajouter les tomates, la pâte de tomates, le poivron, l'ail, les olives si désiré, le curcuma, le thym et l'eau. Saler, mélanger et laisser cuire à feu doux 1 h ou jusqu'à ce que la sauce soit bien compotée.

Servir froide avec de la mozzarella fraîche (p. 62), avec des tranches de pain grillées frottées à l'ail et du prosciutto ; chaude ou froide avec des œufs sur le plat ou pochés ; réchauffée pour accompagner une viande rôtie (agneau, poulet), un poisson grillé, des crevettes sautées, un pâté au poisson, une omelette ou en garniture sur un plat de moules, de pâtes...

**Note**  C'est mon amie Olympe Versini qui me l'a fait connaître dans son livre *La Gourmande impatiente*.

# Citrons confits

5 citrons si possible biologiques ou Meyer
310 ml (1 ¼ tasse) d'eau
2 c. à soupe de sel
2 c. à thé de graines de coriandre ou
    un mélange coriandre et cumin
2 feuilles de laurier

C'est très beau, ça s'offre bien en cadeau, et on les utilise un peu partout, de plein de façons, pour réveiller les plats. Choisissez des citrons à la peau pas trop épaisse, sinon le zeste sera plus amer.

Dans une casserole remplie d'eau, faire bouillir les citrons entiers 1 min. Les couper en 6 quartiers et les mettre dans un grand bocal.

Dans une petite casserole, porter 310 ml (1 ¼ tasse) d'eau à ébullition. Ajouter le sel, la coriandre et le laurier et faire bouillir en remuant 1 min.

Tiédir le liquide avant de le verser dans le bocal jusqu'à ce que les citrons soient entièrement couverts. Fermer hermétiquement et mettre au réfrigérateur au moins 1 mois avant d'utiliser.

Lorsque les citrons sont confits, retirer la pulpe, bien rincer l'écorce, l'éponger et la trancher finement. Comme ce condiment contribue à saler les préparations, prendre soin de rectifier la quantité de sel de la recette.

Voici quelques suggestions pour utiliser les citrons confits :
Mozzarella au citron confit (p. 64)
Sauce vierge (p. 29)
Salade de thon (p. 96)
Lobster rolls (p. 120)
En julienne sur des paillards de poulet (p. 142)
Dans les braisés (poulet ou agneau), ajoutés à mi-cuisson
Avec des olives marinées
Dans une mayonnaise (p. 25) ou le guacamole
Mélangés à une salade de légumineuses ou
    de pommes de terre
Ajoutés au couscous (p. 173), au riz ou à n'importe quelle
    céréale durant la cuisson ou au moment de servir
Avec les tartares de poisson en brunoise (petits dés)
En fine julienne sur une assiette de saumon fumé, de
    gravlax (p. 126) avec de l'oignon rouge, un filet d'huile
    et du poivre
Si ces suggestions ne vous ont pas inspiré, vous pouvez
    toujours les offrir… avec cette liste !

Conservation Les citrons confits se conserveront au moins 3 mois au réfrigérateur s'ils sont couverts de liquide.

# PETIT-DÉJ'

frittata saucisse et poivrons de ma mère
stratta épinards et feta
tortillas œufs et salsa
galettes de sarrasin et œufs
sirop aux bleuets
sirop au gingembre
sirop à l'orange

# Frittata saucisse et poivrons de ma mère

## 4 à 6 portions

285 g (10 oz) de saucisses italiennes douces ou fortes
Huile d'olive
500 ml (2 tasses) de poireaux en demi-rondelles fines
2 poivrons rouges, rôtis, pelés, épépinés (p. 206),
   en julienne
1 c. à thé d'assaisonnement à l'italienne
Sel et poivre du moulin

### Frittata de base

8 œufs
80 ml (⅓ tasse) de parmesan ou
   de grana padano, râpés
60 ml (¼ tasse) d'eau
Sel et poivre du moulin

L'expression *fare una frittata* veut dire « mettre le fouillis ». Les Italiens la mangent à température ambiante, mais elle est aussi très bonne chaude. On l'apporte en pique-nique, on la sert au brunch, au lunch.

Prélever la chair des saucisses. Dans une poêle antiadhésive de 25 cm (10 po), chauffer un peu d'huile et cuire la saucisse, en la brisant. Quand elle a perdu sa crudité, transférer dans un bol et réserver.

Enlever l'excédent de gras, chauffer un peu d'huile et faire revenir le poireau 3 min sans brunir. Ajouter le poivron, la saucisse et l'assaisonnement à l'italienne. Réserver.

Dans un bol, mélanger tous les ingrédients de la frittata de base. Répartir dans la poêle les légumes et la saucisse et verser le mélange d'œufs au-dessus.

Préchauffer le gril du four.

Cuire à feu moyen-doux en soulevant l'omelette à l'aide d'une spatule pour faire glisser en dessous le mélange d'œufs non cuit.

Quand la frittata est cuite aux deux tiers de l'épaisseur, la faire dorer sous le gril quelques minutes. (Envelopper la poignée de la poêle de papier d'aluminium si nécessaire.)

Comme accompagnement, une salade verte et un bon pain croûté suffisent.

---

**La prochaine fois** **Frittata courgettes et basilic :** Faire dorer 250 ml (1 tasse) de poireau en demi-rondelles fines dans une poêle avec un peu d'huile, 2 min. Ajouter 1 l (4 tasses) de courgettes jaunes ou vertes en cubes, saler et cuire 5 min. Hors du feu, incorporer 60 ml (¼ tasse) de basilic ciselé bien tassé et poivrer. Verser le mélange de frittata de base au-dessus et poursuivre la cuisson telle que décrite ci-haut. Si désiré, couvrir de cheddar ou de fontina râpés et remettre au four jusqu'à ce que le fromage soit fondu.

CASSEROLE
AUX ŒUFS

# Stratta épinards et feta

## 10 à 12 portions

Beurre fondu

1,5 l (6 tasses) de pain rassis en cubes

225 g (8 oz) de jeunes épinards

400 g (14 oz) de feta

8 œufs

750 ml (3 tasses) de lait

6 oignons verts hachés finement

5 c. à soupe d'aneth ciselé

2 c. à soupe de moutarde de Dijon

Sauce piquante (facultatif)

Sel et poivre du moulin

Badigeonner de beurre un plat en terre cuite ou un moule en pyrex de 23 x 33 cm (9 x 13 po). Mettre la moitié des cubes de pain dans le moule, disposer les épinards et la moitié de la feta au-dessus et couvrir du reste de pain.

Dans un grand bol, fouetter les œufs, ajouter le lait, les oignons verts, l'aneth, la moutarde et la sauce piquante. Saler et poivrer. Verser cette préparation dans le moule et couvrir de la feta restante. Laisser reposer 4 h ou toute la nuit au réfrigérateur.

Sortir du réfrigérateur environ 1 h avant la cuisson pour laisser tempérer. Préchauffer le four à 180 °C (350 °F). Cuire de 50 à 60 min jusqu'à ce que la pointe d'un couteau inséré au centre du moule en ressorte propre. Si le dessus devient trop doré, couvrir d'un papier d'aluminium.

Servir la stratta accompagnée d'une salade de tomates (p. 88), d'une salade de betteraves ou d'une sauce vierge (p. 29).

Organisons-nous !
Une casserole, à préparer la veille,
qu'on n'a plus qu'à glisser dans le four.
Idéale pour un brunch convivial.
Zéro souci !

**La prochaine fois** **Stratta légumes et jambon** : Remplacer les épinards et la feta par des dés de jambon, des asperges blanchies en tronçons, des poivrons rouges rôtis (p. 206) en julienne, des herbes fraîches et une bonne quantité d'un mélange de fromage parmesan et de cheddar fort. Prévoir du fromage pour gratiner le dessus.

# Tortillas œufs et salsa

## 4 portions

4 tortillas de farine de maïs ou de blé
4 c. à soupe d'huile d'olive
250 ml (1 tasse) de cheddar fort râpé
4 œufs
250 ml (1 tasse) de salsa mexicaine aux tomates
Tabasco vert ou rouge (facultatif)
Coriandre grossièrement hachée (facultatif)

Préchauffer le four à 180 °C (350 °F).

Sur une plaque, déposer les tortillas et les badigeonner avec la moitié de l'huile. Cuire au four 5 min. Ajouter le fromage et poursuivre la cuisson 2 min jusqu'à ce qu'il soit fondu.

Pendant ce temps, cuire les œufs sur le plat avec le restant d'huile dans une poêle antiadhésive.

Dès que les tortillas sont prêtes, étendre de la salsa et placer un œuf au centre de chacune.

Ajouter quelques gouttes de Tabasco et garnir de coriandre si désiré. Servir immédiatement.

# Galettes de sarrasin et œufs

## 4 portions

4 galettes de sarrasin (p. 202)
250 ml (1 tasse) et plus de cheddar ou de fromage fondant, râpés
4 œufs
Poivre du moulin

Mettre une galette dans une poêle, parsemer du quart du fromage et, à feu doux, le faire fondre. Garder au chaud et préparer les autres galettes de la même façon.

Pendant ce temps, cuire les œufs sur le plat.

Au service, disposer les œufs sur les galettes, poivrer, plier en deux et c'est prêt.

Pour utiliser autrement les œufs sur le plat ou les œufs pochés. Un beau projet de week-end !

# Sirop aux bleuets

## 250 ml (1 tasse)

125 ml (½ tasse) de sirop d'érable
250 ml (1 tasse) de bleuets

Dans une petite casserole, amener à ébullition le sirop d'érable et les bleuets, réduire le feu et laisser mijoter de 2 à 3 min. Refroidir.

# Sirop au gingembre

## 250 ml (1 tasse)

250 ml (1 tasse) de sirop d'érable
1 morceau de gingembre de 2,5 cm (1 po) haché

Dans une petite casserole, amener à ébullition le sirop d'érable et le gingembre. Retirer du feu et laisser infuser 1 h. Filtrer.

# Sirop à l'orange

## 250 ml (1 tasse)

125 ml (½ tasse) de sirop d'érable
Zeste de 1 orange
125 ml (½ tasse) de jus d'orange

Dans une petite casserole, amener à ébullition tous les ingrédients. Retirer du feu et laisser infuser 1 h. Filtrer.

Sur le yogourt, les crêpes, les pancakes et les galettes, avec du pain doré, pour sucrer les salades de fruits.

TROIS
SIROPS D'ÉRABLE
PARFUMÉS

# APÉRO
# À PARTAGER
# + ENTRÉES

limonade à la rhubarbe
spritz
saucisses italiennes au vin rouge
saucisses libanaises
chips de kale
bâtonnets cheddar et épices
bruschettas aux petits pois
trempette rouge betterave
sauce wasabi
tartinade très verte à l'avocat
mozzarella sauce soleil rouge
mozzarella aux poivrons
mozzarella au citron confit
mozzarella aux champignons sautés
baluchons de fromage

# Limonade
# à la rhubarbe

## 1,5 l (6 tasses)

1 l (4 tasses) d'eau froide
1 l (4 tasses) de rhubarbe en tronçons de 2,5 cm (1 po)
3 c. à soupe et plus de jus de lime ou de citron
125 ml (½ tasse) et plus de sucre

Dans une casserole, mettre l'eau, la rhubarbe,
le jus de lime et le sucre. Amener à ébullition,
réduire le feu et laisser mijoter jusqu'à ce que
la rhubarbe se défasse. Filtrer au-dessus d'un
pichet et ajouter du jus de lime si désiré.
Servir bien frais avec des tranches de lime.

En souvenir d'une
belle journée de tournage
au bord d'un lac limpide
rempli de poissons
heureux.

**Note** Merci à Denise Valois-Francœur pour
cette jolie limonade rafraîchissante.

# Spritz

## 1 verre

45 ml (1 ½ oz) d'Aperol
90 ml (3 oz) de prosecco ou de vin blanc
Eau de Seltz ou soda club
Glaçons
1 tranche d'orange (facultatif)

Avec le vin blanc : glaçons, Aperol, eau de Seltz,
tranche d'orange si désiré.

Avec le prosecco : Aperol, et certains Vénitiens
ajoutent de l'eau de Seltz.

Verser les ingrédients dans un verre et mélanger.

Ce drink est un art
de vivre en soi.
C'est l'apéro préféré
de toute l'Italie par
les temps qui courent.
À Venise, on dit que
la ville prend la couleur
du spritz au coucher
du soleil !

**Note** L'Aperol a une couleur rouge presque
fluorescente, c'est une boisson plus sucrée et plus
douce que le Campari. Pour ce qui est des proportions,
c'est vraiment une affaire de goût.

PRENDRE
LE TEMPS...

# Saucisses italiennes au vin rouge

## 4 portions

2 saucisses italiennes (environ 225 g/8 oz)
Huile d'olive
Zeste de 1 orange
60 ml (¼ tasse) de vin rouge

À l'aide de ciseaux de cuisine ou d'un couteau, découper les saucisses en tronçons de 2,5 cm (1 po).

Dans une poêle, chauffer un peu d'huile à feu moyen-élevé et faire revenir les saucisses en retournant régulièrement jusqu'à ce que la chair ait perdu sa crudité. Retirer l'excédent de gras.

Ajouter le zeste d'orange et le vin. Laisser réduire pour bien enrober les saucisses en les retournant en cours de cuisson.

Pour un apéro plus substantiel. Des saucisses italiennes au vin rouge toutes simples, il suffit d'en trouver de bonnes, et des saucisses libanaises comme les prépare mon amie Racha Bassoul.

# Saucisses libanaises

Petites saucisses libanaises
Huile végétale
Mélasse de grenade (p. 210) ou vinaigre balsamique

**Garniture (facultatif)**
Persil haché

**Accompagnement**
Hoummos

Les saucisses libanaises sont vendues en collier. Elles doivent être séparées les unes des autres en les gardant entières.

Dans une poêle, chauffer un peu d'huile à feu moyen-élevé et cuire les saucisses libanaises jusqu'à ce qu'elles soient bien grillées. Retirer l'excédent de gras de la poêle, si nécessaire. Ajouter un peu de mélasse de grenade et cuire environ 2 min en enrobant bien les saucisses.

Au service, répartir les saucisses dans les assiettes, arroser d'un filet de mélasse de grenade, garnir de persil si désiré et accompagner de hoummos.

**La prochaine fois  Chorizo :** Choisir un chorizo tendre, le trancher et le faire sauter dans un peu d'huile. Servir accompagné d'amandes rôties (p. 202) et d'olives vertes.

# SAUCISSES APÉRO

# Chips de kale

Feuilles de chou frisé (kale)
Huile d'olive
Quartiers de citron (facultatif)
Sel

Un amuse-bouche
qui nous fait craquer!
Plein de saveur,
un plaisir pour les yeux.
Ne pas l'oublier
en garniture dans
les assiettes...
s'il en reste!

Préchauffer le four à 150 °C (300 °F).

Laver les feuilles de chou frisé et bien les assécher avec un torchon ou dans une essoreuse à salade. À l'aide d'un couteau, retirer les tiges (p. 200). Déchirer chaque feuille en morceaux d'environ 8 cm (3 po).

Mettre les feuilles déchirées dans un grand bol et arroser d'un filet d'huile. Mélanger avec les mains pour bien enrober les feuilles.

Déposer les feuilles sur une grande plaque couverte de papier parchemin en évitant de les superposer. Saler.

Mettre au four. Après 12 min, retirer les feuilles croustillantes, retourner les autres et poursuivre la cuisson jusqu'à ce qu'elles soient prêtes.

Transférer les chips sur un papier absorbant. Laisser refroidir.

Au service, disposer les chips sur un plateau de service avec des quartiers de citron si désiré.

**Conservation** Les chips se conservent dans une boîte hermétique au réfrigérateur environ 1 semaine.

# Bâtonnets cheddar et épices

6 c. à soupe de beurre froid en morceaux
180 ml (¾ tasse) de farine
½ c. à thé de sel
⅛ c. à thé ou moins de piment de Cayenne
250 ml (1 tasse) de cheddar fort râpé
Épices, au choix : zaatar (p. 212), graines de fenouil,
    graines de sésame, poivre long, poivre de Sichuan,
    poivre rose, nigelle...

Ces petits biscuits
sont très faciles à réussir
et irrésistibles.
L'idée, c'est d'utiliser
différentes épices
et d'en faire la dégustation.
Ils s'offrent aussi
super bien en cadeau.

Mettre le beurre dans le bol du robot culinaire et actionner en ajoutant la farine, le sel et le piment de Cayenne jusqu'à ce que le mélange ait une consistance granuleuse. Ajouter le cheddar et mélanger de nouveau par touches successives jusqu'à ce que la pâte forme une boule.

Préchauffer le four à 200 °C (400 °F).

Sur une surface farinée, abaisser la pâte à l'aide d'un rouleau à pâtisserie pour obtenir un rectangle de 5 x 18 cm (2 x 7 po). Réfrigérer au moins 30 min.

Diviser la pâte en deux sur la longueur. Sur une surface légèrement farinée, étendre au rouleau pour obtenir deux rectangles de 13 x 20 cm (5 x 8 po). Avec un couteau, égaliser les bords.

Saupoudrer la pâte des épices choisies. Passer le rouleau sans presser pour fixer les épices.

Tailler des bâtonnets de 1,5 cm (½ po) de largeur. À l'aide d'une spatule, les transférer sur une plaque antiadhésive ou couverte de papier parchemin. Cuire au centre du four de 7 à 10 min jusqu'à ce que les bâtonnets soient dorés. Laisser refroidir sur la plaque.

# Bruschettas aux petits pois

## 625 ml (2 ½ tasses)

750 ml (3 tasses) de petits pois frais ou surgelés
   (les minis), blanchis
6 c. à soupe de menthe ciselée
4 c. à soupe et plus d'huile d'olive
Pain au choix : ciabatta, baguette ou pain croûté
1 gousse d'ail en 2 (facultatif)
Sel et poivre du moulin

On peut préparer
les bruschettas
ou laisser les invités
se servir à l'envi
en déposant sur un
plateau le pain grillé,
la purée de pois,
les garnitures,
une petite bouteille
d'huile d'olive et
le moulin à poivre.

Blanchir les petits pois juste pour les attendrir et les passer sous l'eau très froide immédiatement. Bien les égoutter avant de les mettre dans le bol du robot culinaire avec la menthe. Broyer jusqu'à l'obtention d'une purée texturée (ne pas en faire une purée lisse). Ajouter l'huile et assaisonner.

Préparer les pains : les ciabattas doivent être coupées en deux sur la longueur, puis en rectangles. Tailler les baguettes en diagonale et le pain croûté en tranches. Griller le pain au barbecue, sous le gril du four ou au grille-pain. (Ne pas attendre que le pain devienne sec.) Dès qu'il est doré, frotter le dessus avec l'ail si désiré.

Tartiner le pain généreusement de purée de petits pois. Arroser d'un filet d'huile, poivrer et couvrir avec une des garnitures ci-dessous.

### Version crabe ou crevettes nordiques
Garnir les bruschettas de crabe ou de crevettes nordiques, bien épongés, relevés de mayonnaise et de zeste et de jus de citron.

### Version pecorino romano ou parmesan
Ajouter quelques cuillerées de pecorino, de grana padano ou de parmesan râpés à la purée de petits pois et garnir les bruschettas de copeaux de fromage.

# Trempette rouge betterave

## 500 ml (2 tasses)

4 betteraves moyennes

160 ml (⅔ tasse) de yogourt ferme

1 gousse d'ail pressée ou de la fleur d'ail dans l'huile (p. 210), au goût

2 c. à thé de zeste de citron ou d'orange, râpé

2 c. à soupe et plus d'huile d'olive

2 c. à thé de fenouil ou ½ c. à thé de cumin et ½ c. à thé de coriandre, moulus

½ c. à thé de paprika

½ c. à thé de sel

¼ c. à thé de poivre du moulin

Préchauffer le four à 180 °C (350 °F).

Laver les betteraves et couper les queues. Envelopper les betteraves dans du papier d'aluminium. Cuire au four de 45 à 60 min jusqu'à ce qu'elles soient tendres. Ouvrir le papier d'aluminium et laisser tiédir les betteraves avant de les peler.

Couper les betteraves en quatre et mettre les morceaux dans le bol du robot culinaire. Réduire en purée.

Ajouter le reste des ingrédients et bien mélanger. Vérifier l'assaisonnement.

Réfrigérer quelques heures afin de permettre aux parfums de se développer. Au service, arroser d'un filet d'huile.

Préparer des chips de pita (p. 16), un plateau avec des feuilles d'endive, des tranches de pomme bien citronnées. C'est aussi délicieux avec du gravlax (p. 126) ou du saumon fumé. Et, pour accompagner un tartare de saumon, c'est un hit assuré !

# De la texture, de la couleur, de la saveur !

# Sauce wasabi

## 375 ml (1 ½ tasse)

1 jaune d'œuf

2 c. à thé de vinaigre de riz

2 c. à soupe de jus de citron

1 morceau de 2,5 cm (1 po) de gingembre, râpé

1 c. à soupe de wasabi préparé (p. 212)

1 c. à soupe de sauce soya ou de tamari

250 ml (1 tasse) d'huile de pépins de raisin
   ou d'une huile au goût neutre

Sel

**Garnitures (facultatif)**

Cresson ou ciboulette

Dans un bol, mélanger tous les ingrédients,
à l'exception de l'huile et du sel.

À l'aide d'un mélangeur à main ou d'un fouet,
incorporer l'huile en un long filet sans cesser de
fouetter. Goûter, saler si nécessaire et garnir.

Selon la saison et ce qu'on a sous la main,
préparer un grand plateau ou des assiettes individuelles
avec un ou plusieurs ingrédients :
Tomates
Asperges
Concombres coupés en diagonale ou en bâtonnets
Endives rouges ou blanches
Œufs durs
Gravlax (p. 126) ou saumon fumé
Pinces ou morceaux de homard
Crevettes poêlées ou pochées

Une sauce chouchou.
Elle m'a plusieurs fois
dépannée pour préparer
une entrée ou pour
donner du woumf
à un burger ou à un
sandwich.

# Tartinade très verte à l'avocat

375 ml (1 ½ tasse)

2 avocats mûrs, en cubes
60 ml (¼ tasse) d'oignons verts hachés finement
2 c. à soupe de jus de lime ou de citron
1 c. à soupe de vinaigre de cidre, de vin blanc ou de riz
60 ml (¼ tasse) de yogourt ou de crème sure
125 ml (½ tasse) de coriandre ou de basilic,
   hachés (ou un mélange d'herbes en saison :
     4 c. à soupe d'estragon, 4 c. à soupe de ciboulette,
     6 c. à soupe de basilic)
Tabasco
Sel et poivre du moulin

Mettre tous les ingrédients dans le bol du robot culinaire et broyer. Avant de servir, vérifier l'assaisonnement. (On peut également écraser tous les ingrédients à l'aide d'une fourchette et obtenir ainsi une consistance plus texturée.)

Cette sauce s'utilise dans les sandwichs, les wraps végé ou au poulet, dans un BLT. Elle se sert en trempette avec des endives, du céleri, des chips de pita (p. 16). On peut également en farcir des tomates cerises.

# En saison, n'hésitez pas à multiplier et à varier les herbes.

# MOZZA AUTREMENT

Est-ce qu'on aime la salade classique tomates mozzarella ? Oui !
Est-ce qu'on peut manger la mozzarella autrement ? Oh oui ! On suit les saisons, on s'inspire des produits qu'on a sous la main. Voici quelques succulentes propositions.

# Mozzarella sauce soleil rouge

## 4 portions

500 ml (2 tasses) de sauce soleil rouge froide (p. 30)
300 à 400 g (10 ½ à 14 oz) de mozzarella, de bocconcini
   ou de mozzarina, à température ambiante
Huile d'olive
Persil italien ciselé (facultatif)
Sel ou fleur de sel et poivre du moulin


Mettre la sauce dans une grande assiette creuse.

Trancher ou déchirer le fromage et le disposer
sur la sauce.

Arroser d'un filet d'huile, saler légèrement
et poivrer le fromage. Si désiré, garnir de persil
italien.

# Mozzarella aux poivrons

## 4 portions

2 poivrons jaunes et/ou rouges, rôtis, pelés,
   épépinés (p. 206), en lanières
300 à 400 g (10 ½ à 14 oz) de mozzarella, de bocconcini,
   de mozzarina, à température ambiante
Huile parfumée au basilic (p. 27) ou huile d'olive
Câpres rincées, épongées, hachées grossièrement
   (facultatif)
Sel ou fleur de sel et poivre du moulin


Placer les poivrons dans une grande assiette
et disposer le fromage tranché ou déchiré
au-dessus.

Saler, poivrer, arroser d'un filet d'huile au basilic et
garnir de câpres si désiré.

Servir avec un très bon pain croûté.

# Mozzarella au citron confit

## 4 portions

300 à 400 g (10 ½ à 14 oz) de mozzarella, de bocconcini,
   de mozzarina ou 200 g (7 oz) de burrata,
   à température ambiante
Huile d'olive nature, au citron ou aux herbes
Zeste de citron confit (p. 32 et 210) rincé, épongé,
   en julienne
Feuilles de basilic, de persil ou petite roquette
Sel et poivre du moulin

Trancher ou déchirer le fromage et le disposer
dans une assiette.

Saler (pas trop, car le citron confit l'est déjà).
Arroser d'un filet d'huile, disposer le zeste
de citron confit, garnir de basilic et poivrer.

Servir avec une pizza blanche, une fougasse
aux olives ou des pitas grillés.

# Mozzarella aux champignons sautés

## 4 portions

Huile d'olive
300 g (10 ½ oz) de champignons (café, pleurotes,
   shiitake, girolles…) en tranches
1 échalote française hachée
1 gousse d'ail hachée (facultatif)
250 g (9 oz) de mozzarella à température ambiante
Persil
Sel ou fleur de sel et poivre du moulin

Dans une poêle, chauffer de l'huile à feu
moyen-élevé et faire revenir les champignons
sans trop remuer afin qu'ils prennent couleur.
Après 2 min, saler, ajouter l'échalote et poursuivre
la cuisson. Lorsque les champignons sont dorés,
incorporer l'ail si désiré. Laisser cuire 30 s de plus.

Placer le fromage tranché ou déchiré dans une
grande assiette, disposer les champignons
sautés et garnir de persil. Arroser d'un filet
d'huile et poivrer.

**Note** C'est la chef Graziella Battista qui m'a inspiré
cette façon de déguster la mozzarella.

# Baluchons de fromage

## 12 baluchons

225 g (8 oz) de fromage halloom (p. 210)
  ou du même type
12 grandes feuilles de bette à carde
Huile d'olive
Poivre du moulin ou piments broyés
1 c. à soupe de feuilles de thym

**Accompagnements, au choix**
Quartiers de citron ou de lime
Pain au levain grillé, huilé, frotté avec de l'ail
Pain naan tiède ou pain croûté

Oui, il faut juste prendre le temps d'emballer son fromage, mais la bonne nouvelle, ça se prépare à l'avance, c'est charmant et savoureux en entrée ou à l'apéro !

Tailler le fromage en tranches de 1,5 cm (½ po) d'épaisseur. Faire tremper dans l'eau 60 min pour dessaler. Éponger.

Blanchir les feuilles de bette à carde 10 s dans l'eau bouillante pour les assouplir. Refroidir rapidement dans l'eau glacée et éponger avec du papier absorbant. Avec un bon couteau, retirer la partie la plus charnue de la côte.

Préchauffer le four à 200 °C (400 °F).

Déposer 1 feuille (ou 2 feuilles en croix si elles sont petites) sur un plan de travail. Huiler légèrement l'intérieur.

Placer le fromage au centre, poivrer, parsemer de thym et arroser d'un filet d'huile. Replier les extrémités des feuilles et emballer le fromage. Huiler les baluchons.

Déposer les baluchons sur une plaque huilée ou couverte de papier parchemin et cuire au four de 10 à 12 min. Les baluchons peuvent aussi être cuits dans une poêle avec un peu d'huile.

Déguster tels quels ou arrosés d'une giclée de jus de citron et accompagnés du pain de votre choix.

# DANS UN BOL

crème froide de petits pois verts
soupe indienne de lentilles rouges
soupe poulet, quinoa et gingembre
soupe poulet et nouilles
chowder au poulet
shooter de concombre
herbes citronnées
grissinis et prosciutto
crème au curry
toasts courgettes et cheddar

# Crème froide de petits pois verts

750 ml (3 tasses) de bouillon de légumes
1,5 l (6 tasses) de petits pois frais ou surgelés (les minis)
25 à 30 feuilles de menthe
Sel

**Garnitures, au choix**
Fines tranches de radis
Huile d'olive, menthe ou basilic
Crème au curry (p. 81)
Grissinis et prosciutto (p. 81)
Croûtons (p. 16)

**Dans une casserole,** verser le bouillon et amener à ébullition. Ajouter les petits pois et cuire jusqu'à ce qu'ils soient tendres. Ajouter la menthe.

**Réduire en purée** au mélangeur ou avec un mélangeur à main.

**Saler,** passer au tamis et laisser refroidir.

**Réserver au réfrigérateur** jusqu'au moment de servir. Si la consistance est épaisse, diluer avec un peu de bouillon. Goûter et saler si nécessaire.

**Garnir** à votre goût.

# Rien que le goût pur et frais des petits pois !

**La prochaine fois** **Crème de petits pois :** Réchauffer la soupe, garnir et servir. Aussi très bon !

# Soupe indienne de lentilles rouges

## 4 à 6 portions

1 boîte de 796 ml (28 oz) de tomates italiennes, hachées
125 ml (½ tasse) de lentilles rouges
250 ml (1 tasse) d'oignon haché
750 ml (3 tasses) de bouillon de légumes ou de poulet
1 c. à soupe de graines de coriandre fraîchement
   moulues ou 2 c. à thé de coriandre moulue
1 c. à thé de cumin moulu
¼ c. à thé de curcuma
1 c. à soupe de gingembre râpé
1 bonne poignée de feuilles de coriandre
Sel et poivre du moulin

Mettre tous les ingrédients dans une casserole et porter à ébullition. Baisser le feu et laisser mijoter à mi-couvert 1 h.

Laisser tiédir et réduire en purée au mélangeur ou avec un mélangeur à main.

Au service, verser dans les bols et garnir, au choix :
Crème au curry (p. 81)
Coriandre fraîche et filet d'huile d'olive
Herbes citronnées (p. 81)
Sauce yogourt coriandre (p. 27)
Papadums (p. 212)

Remarquez la marche
à suivre simplissime et,
en prime, un bouquet
d'arômes irrésistible.

**Note** Une recette délectable tirée du livre *At Home with Madhur Jaffrey*.

# Soupe poulet, quinoa et gingembre

## 4 portions

2 c. à soupe d'huile d'olive

500 ml (2 tasses) de poireaux (partie blanche
et vert pâle) en tranches fines ou 1 oignon en dés

160 ml (⅔ tasse) de céleri en dés

1,5 l (6 tasses) de bouillon de poulet

¼ c. à thé de curcuma

1 morceau de 5 cm (2 po) de gingembre râpé
ou 3 feuilles de lime kéfir

1 poitrine de poulet cru ou un reste de poulet cuit,
en morceaux ou en dés

250 ml (1 tasse) de quinoa cuit (p. 206)

750 ml (3 tasses) de jeunes épinards

4 oignons verts hachés finement

Quartiers de lime (facultatif)

Sel


**Dans une casserole,** chauffer l'huile, faire revenir
le poireau et le céleri à feu doux 10 min.
Saler à mi-cuisson.

**Ajouter le bouillon,** le curcuma, le gingembre,
le poulet s'il n'est pas cuit et laisser mijoter
jusqu'à ce que les légumes et la viande soient
cuits, de 15 à 20 min. Vérifier l'assaisonnement.

**Au service,** ajouter le quinoa et le poulet s'il était
déjà cuit, les épinards et l'oignon vert. Réchauffer
quelques minutes. Accompagner de quartiers de
lime si désiré.


Trois soupes au
poulet dans ce livre !
De quoi soigner
tous vos maux,
réels ou imaginaires,
et tous vos états d'âme.


# Soupe poulet et nouilles

## 4 portions

2 c. à soupe d'huile d'olive

500 ml (2 tasses) de poireaux (partie blanche
et vert pâle) en tranches fines ou 1 oignon en dés

160 ml (⅔ tasse) de carotte en dés

160 ml (⅔ tasse) de céleri en dés

1,5 l (6 tasses) de bouillon de poulet

2 gousses d'ail hachées

¼ c. à thé de curcuma

1 poitrine de poulet cru ou un reste de poulet cuit,
en morceaux ou en dés

2 c. à soupe d'aneth ciselé ou 1 c. à soupe
d'aneth séché

120 g (4 oz) de pâtes aux œufs, fettuccine,
vermicelles coupés ou pâtes courtes

Sel et poivre du moulin


**Dans une casserole,** chauffer l'huile, faire revenir
les légumes à feu doux 10 min. Saler à
mi-cuisson.

**Ajouter le bouillon,** l'ail, le curcuma, le poulet s'il
n'est pas cuit et laisser mijoter jusqu'à ce que
les légumes et la viande soient cuits. Incorporer
l'aneth. Vérifier l'assaisonnement.

**Pendant ce temps,** cuire les pâtes à l'eau salée
jusqu'à ce qu'elles soient *al dente*. Égoutter,
rincer à l'eau froide et mettre de côté.

**Au service,** ajouter les pâtes et le poulet s'il était
déjà cuit. Réchauffer et poivrer.


**La prochaine fois  Aux asperges :** Ajouter 8 asperges
tranchées finement en fin de cuisson le temps de les
attendrir. Ou 750 ml (3 tasses) de jeunes épinards en
fin de cuisson pour la soupe poulet et nouilles.

# SOUPES DOUDOUNES

# Chowder au poulet

## 6 portions

1 c. à soupe d'huile d'olive

60 g (2 oz) de pancetta ou de bacon, en tranches

750 ml (3 tasses) de pommes de terre Yukon Gold
   ou Idaho

500 ml (2 tasses) de poireaux ou d'oignons, hachés

250 ml (1 tasse) de carottes en dés

250 ml (1 tasse) de céleri en tranches

2 gousses d'ail hachées

1 c. à soupe de feuilles de thym

1 feuille de laurier

1 l (4 tasses) et plus de bouillon de poulet

1 l (4 tasses) de poulet cuit, en cubes

125 ml (½ tasse) de crème 35 %

Sel et poivre du moulin

**Garnitures, au choix**

Feuilles de persil ou de cresson

Un soupçon de paprika ou autre piment moulu

Dans une poêle, chauffer l'huile à feu moyen et cuire la pancetta jusqu'à ce qu'elle soit croustillante. Réserver sur un papier absorbant. Retirer le gras de cuisson de la poêle, en conservant quelques cuillerées.

Peler et tailler les pommes de terre en dés. Mettre dans la poêle. Ajouter le poireau, la carotte, le céleri et faire revenir, à feu moyen, 5 min.

Incorporer l'ail, le thym, le laurier et verser le bouillon. (Pour une soupe moins consistante, augmenter la quantité de bouillon.) Amener à ébullition, puis réduire le feu et laisser mijoter, à mi-couvert, 20 min pour que les saveurs s'imprègnent.

Ajouter le poulet et poursuivre la cuisson 5 min.

Incorporer la crème et réchauffer. Vérifier l'assaisonnement.

Servir bien chaud avec la pancetta émiettée, du poivre du moulin et la garniture de votre choix. Accompagner d'un bon pain croûté.

Une soupe-repas, tout aussi *comfort* que les soupes doudounes qui précèdent.

# Shooter de concombre

4 portions en entrée, 8 en amuse-bouche

1 gros concombre anglais ou 4 concombres libanais
500 ml (2 tasses) de yogourt 2 %
4 c. à thé de jus de lime
4 c. à soupe de menthe ou un mélange menthe
   et coriandre
Sel et poivre du moulin

**Garnitures, au choix**
Herbes (menthe, coriandre)
Quartiers de lime
Quelques gouttes d'huile d'olive

Peler le concombre partiellement ou intégralement s'il a été ciré. Couper en deux sur la longueur, épépiner à l'aide d'une petite cuillère et tailler en tronçons.

Mettre dans le récipient du mélangeur tous les ingrédients, à l'exception du sel. Broyer jusqu'à l'obtention d'une purée onctueuse. Saler et vérifier l'assaisonnement.

Cette soupe froide peut se préparer jusqu'à 24 h à l'avance. Au moment de servir, passer de nouveau au mélangeur à main. Elle se sert bien fraîche, garnie selon votre goût.

La définition
même de la fraîcheur.
Fort agréable avant
le brunch ou à
tout moment l'été.
On le sert dans
de petits verres,
des gobelets,
des bols…

# Herbes citronnées

125 ml (½ tasse) d'herbes hachées (estragon,
    ciboulette, menthe, basilic, coriandre ou livèche)
2 c. à soupe de jus de citron
4 à 5 c. à soupe d'huile d'olive
Sel (facultatif)

Choisir une ou plusieurs herbes en harmonie
avec la soupe. Dans un bol, mélanger avec
le jus de citron et l'huile. Saler si désiré.

# Crème au curry

125 ml (½ tasse) de crème 35 % légèrement fouettée
    ou de yogourt
1 c. à thé de curry de Madras
Piment de Cayenne, d'Espelette ou d'Alep (facultatif)
Lait ou eau (facultatif)
¼ c. à thé de sel ou 1 pincée de fleur de sel

Dans un bol, mélanger tous les ingrédients.
Rectifier l'assaisonnement. Réserver au
réfrigérateur. (Au besoin, détendre avec un peu
de lait ou d'eau si on utilise le yogourt.)

# Grissinis et prosciutto

Prosciutto en tranches minces
Beurre à température ambiante (facultatif)
Grissinis

Couper les tranches de prosciutto en 2 ou en 3
sur la longueur. Si désiré, beurrer un côté du
grissini. Enrouler le prosciutto autour du grissini.

Prenez votre crème
ou votre soupe
préférées, et vous
la «jazzez» avec une
de ces garnitures.

# Toasts courgettes et cheddar

## 8 croûtons

Baguette
1 courgette
250 ml (1 tasse) de cheddar fort
1 échalote française ou de l'oignon rouge,
    hachés finement
Sauce Worcestershire
1 œuf
Sel et poivre du moulin

Couper la baguette en diagonale. Griller
légèrement au four. Râper la courgette. L'essorer
dans un torchon pour absorber l'excédent d'eau.
Mettre dans un bol et mélanger avec les autres
ingrédients. Tartiner les croûtons. Préchauffer
le four à 180 °C (350 °F). Déposer les toasts sur
une plaque et enfourner de 8 à 10 min. Terminer
sous le gril si désiré.

# AVEC UN FILET D'HUILE

céleri rémoulade

salade de laitues amères, pacanes caramélisées

salade tomates et oignons rôtis

salade tomates et maïs grillé

salade grecque

salade de thon

salade quinoa et betteraves

salade quinoa et maïs

salade tiède de légumes-racines

# Céleri rémoulade

## 4 à 6 portions

1 céleri-rave moyen, pelé (p. 200)

1 ½ c. à soupe de jus de citron ou de lime

4 à 5 c. à soupe de crème fraîche (p. 200) et/ou
    de mayonnaise

1 c. à soupe de moutarde de Dijon ou à l'ancienne

Persil ou feuilles de céleri-rave, hachés

Sel et poivre du moulin

**Tailler** le céleri-rave en fine julienne au couteau ou à l'aide d'une mandoline (en utilisant la garde pour ne pas se blesser).

**Mettre** le céleri-rave dans un bol, arroser de jus de citron, saler et mélanger. Couvrir et laisser reposer environ 1 h.

**Égoutter** le céleri-rave, si nécessaire, avant d'incorporer la crème et la moutarde. Assaisonner et ajouter le persil.

Un légume à utiliser plus souvent en entrée, en accompagnement ou en garniture dans un sandwich. Allez jeter un œil sur la version pomme et curry !

**La prochaine fois  Céleri rémoulade pomme et curry :** Ajouter une pomme ferme coupée en julienne, 1 à 2 c. à thé de curry et une bonne poignée de coriandre ou de persil hachés.

# Salade de laitues amères, pacanes caramélisées

## 4 portions

1 ½ c. à soupe de vinaigre balsamique blanc
ou 1 c. à soupe de vinaigre de cidre
4 c. à soupe d'huile d'olive
Laitues, au choix : endives, radicchio, escarole,
chicorée, cresson, roquette
125 ml (½ tasse) de pacanes ou de noix de Grenoble
caramélisées (p. 20)
120 g (4 oz) et plus de chèvre frais, de cheddar fort ou
de fromage bleu
Canneberges séchées (facultatif)
Sel et poivre du moulin

**Dans un petit bol,** mélanger le vinaigre, le sel, l'huile et émulsionner la vinaigrette.

**Mettre les laitues** choisies dans un saladier. Verser une partie de la vinaigrette, mélanger et poivrer. Si nécessaire, ajouter plus de vinaigrette.

**Quand on prépare** une salade, il faut, bien sûr, doser l'équilibre des ingrédients, mais surtout ne pas la noyer avec trop de vinaigrette. Il en faut juste assez pour enrober délicatement les feuilles. On veut conserver au maximum la fraîcheur de nos laitues.

**Au service,** disposer la salade dans les assiettes, parsemer de noix broyées ou pas. Garnir de fromage émietté (chèvre, bleu) ou râpé (cheddar) et de quelques canneberges séchées si désiré.

# Une délicieuse manière de remplacer le dessert.

**Note** C'est une recette que j'ai eu le plaisir de découvrir dans la famille Mastropasqua.

# SALADES
# DE TOMATES

# Salade tomates et oignons rôtis

## 6 portions

2 oignons moyens rouges ou blancs
Huile d'olive
Vinaigre de xérès ou de vin rouge
1 kg (2 lb) de tomates (variétés de saison) en tranches
   ou en quartiers
Sel et poivre du moulin

**Garnitures, au choix (facultatif)**
Une poignée d'herbes fraîches ou roquette
Copeaux de parmesan

Préchauffer le four à 200 °C (400 °F).

Couper l'oignon en quartiers rattachés à la base. Les déposer sur une plaque couverte de papier parchemin. Enrober l'oignon d'huile et saler. Cuire au four de 20 à 25 min en retournant les quartiers à mi-cuisson.

Dans un petit bol, fouetter le vinaigre, le sel et l'huile et émulsionner la vinaigrette.

Mettre la tomate dans un bol et saler. Lorsque les quartiers d'oignon sont cuits, les ajouter à la tomate. Arroser de vinaigrette et poivrer.

Au service, garnir d'herbes fraîches, de roquette ou de copeaux de parmesan si désiré.

Durant la belle saison
des tomates,
un des grands plaisirs
est d'en trouver
toute une variété
au marché.
Je vous propose ici des
mariages simples mais
très réussis.

**Note** Si possible, pour en apprécier vraiment la saveur et la texture, on évite de mettre les tomates au frigo.

# Salade tomates et maïs grillé

## 4 portions

2 c. à soupe et plus d'huile d'olive

500 ml (2 tasses) de maïs cuit ou dégelé, bien épongé

2 ou 3 tomates de saison (Bifteck, cœur de bœuf, Heirloom…) en tranches

15 à 20 tomates cerises en 2

Roquette ou basilic (facultatif)

Huile parfumée au basilic (p. 27)

Vinaigre de xérès, balsamique blanc ou de vin blanc

Sel et poivre du moulin

Dans une poêle antiadhésive, chauffer l'huile, ajouter le maïs et faire légèrement caraméliser 10 min en remuant régulièrement. Saler. Les grains risquent de sauter, il est préférable de couvrir la poêle d'une passoire.

Dans une assiette, disposer les tranches de tomate, huiler, saler et poivrer.

Dans un bol, mélanger les tomates cerises, le maïs, la roquette si désiré, l'huile parfumée au basilic et le vinaigre. Saler et poivrer.

Verser sur les tranches de tomate et servir.

On trouve les tomates, le maïs et le basilic en même temps sur les étals du marché. Ce sont des amis qui s'entendent à merveille !

# Salade grecque

**4 portions**

1 petit oignon rouge en tranches fines

4 tomates bien mûres en quartiers

2 concombres libanais ou 2 concombres kirby ou
   1 petit concombre anglais épépiné

125 ml (½ tasse) d'olives Kalamata

1 piment vert doux de type cubanelle en fines
   rondelles (facultatif)

Vinaigre de vin rouge

Huile d'olive

Menthe ciselée

Feta de brebis ou autre, en morceaux

Sel ou fleur de sel et poivre du moulin

Faire tremper l'oignon dans un bol d'eau glacée pour en atténuer la force.

Mettre les tomates dans un saladier.
Saler et réserver de 10 à 15 min.

Tailler le concombre en diagonale. L'ajouter aux tomates en même temps que l'oignon égoutté, les olives et le piment si désiré.

Ajouter le vinaigre, l'huile et une bonne quantité de menthe. Poivrer et mélanger. Garnir de feta.

Accompagner d'un bon pain croûté pour ne rien perdre du jus. On peut aussi servir la salade sur des aubergines rôties (p. 202) avec des chips de pita (p. 16).

# Un classique
# à faire et à refaire...

**La prochaine fois** Remplacer la feta par du fromage halloom (p. 210) ou un autre fromage du même type, rôti à la poêle, et accompagner de pitas à l'origan ou de pain au zaatar (p. 212). Ajouter des pois chiches à la salade.
**Note** J'ai redécouvert la salade grecque grâce à Michèle Ricard qui importe, avec son amoureux Aristo, de délicieux produits grecs. L'astuce de cette recette, c'est le zoumi. Saler les tomates à l'avance pour qu'elles rendent leur jus qui, mêlé à l'huile, rend la vinaigrette beaucoup plus goûteuse.

# Salade de thon

3 portions

**La base**

1 ou 2 boîtes de 170 g (6 oz) de thon dans
  l'huile d'olive
1 boîte de 540 ml (19 oz) de haricots blancs
  ou 1 petit chou-fleur rôti (p. 166)

**Les ingrédients**

1 petit oignon rouge en tranches fines (facultatif)
1 tomate ou 8 tomates cerises en quartiers
80 ml (⅓ tasse) de céleri ou de fenouil, en dés
Olives noires entières ou 4 c. à soupe
  hachées (facultatif)
Menthe, basilic, coriandre ou persil, hachés finement
Sel et poivre du moulin

**La vinaigrette**

1 ½ c. à soupe de jus de citron ou de vinaigre de vin
4 c. à soupe d'huile d'olive
Sel

Égoutter le thon. Rincer les haricots et égoutter. Faire tremper l'oignon dans un bol d'eau glacée pour en atténuer la force.

Dans un petit bol, fouetter le jus de citron, le sel et l'huile et émulsionner la vinaigrette.

Mettre les tomates dans un saladier et saler légèrement. Ajouter l'oignon égoutté si désiré, le thon, les haricots blancs ou le chou-fleur et les autres ingrédients choisis.

Arroser avec juste ce qu'il faut de vinaigrette. Mélanger et laisser la salade s'imprégner des saveurs avant de servir. Donner quelques tours de moulin à poivre.

À l'heure du midi,
dans la boîte à lunch,
un repas *al fresco.*
On aime !

**La prochaine fois**  En saison, essayer la version chou-fleur.
**Note**  Vous pouvez aussi cuire des haricots blancs (p. 202) et en utiliser 500 ml (2 tasses) pour cette salade.

# Salade quinoa et betteraves

## 1 l (4 tasses)

250 ml (1 tasse) de quinoa blanc ou rouge, cuit (p. 206)

500 ml (2 tasses) de betteraves cuites (p. 200), en dés

2 à 3 c. à soupe de vinaigre balsamique ou
  balsamique blanc

1 c. à soupe de jus de citron

3 c. à soupe d'huile d'olive

250 ml (1 tasse) de céleri en dés

Feuilles de céleri hachées (facultatif)

4 c. à soupe d'oignons verts ou de ciboulette, hachés

Feta

Sel et poivre du moulin

**Mettre le quinoa** et la betterave dans un saladier.

**Dans un petit bol,** fouetter le vinaigre, le jus de citron et l'huile et émulsionner la vinaigrette. Assaisonner.

**Verser la vinaigrette** sur le quinoa et la betterave. Ajouter le céleri, les feuilles de céleri si désiré et l'oignon vert. Bien mélanger.

**Avant de servir,** garnir d'une généreuse quantité de feta émiettée.

On la prépare à l'avance pour que les goûts fassent bien connaissance et, en prime, on a tous les avantages nutritifs du quinoa.

**La prochaine fois** Ajouter 1 pomme acidulée en cubes avec ou en remplacement du céleri.

# Salade quinoa et maïs

**1 l (4 tasses)**

4 c. à soupe d'huile d'olive
500 ml (2 tasses) de maïs cuit ou dégelé, bien épongé
125 ml (½ tasse) d'oignons verts en tranches fines
1 poivron rouge rôti, pelé, épépiné (p. 206), en dés,
   ou non pelé revenu dans l'huile
½ c. à thé de cumin moulu
¼ c. à thé (au goût) de piments broyés
500 ml (2 tasses) de quinoa cuit (p. 206)
1 c. à soupe de zeste de lime ou de citron
   râpé finement
2 à 3 c. à soupe de jus de lime ou de citron
Sel

Dans une poêle antiadhésive, chauffer l'huile, ajouter le maïs et faire caraméliser, à feu élevé, en remuant régulièrement. Saler. Les grains risquent de sauter, il est préférable de couvrir la poêle d'une passoire.

Baisser le feu, ajouter l'oignon vert, le poivron, le cumin et le piment. Saler. Poursuivre la cuisson 5 min en remuant régulièrement.

Transférer dans un saladier. Ajouter le quinoa, le zeste et le jus de lime. Vérifier l'assaisonnement.

Cette salade, qui se mange chaude, à température ambiante ou froide, accompagne à peu près tout : poulet, saucisse, jambon…

Cette salade colorée est délicieuse en plat pour le lunch ou encore en accompagnement. Bonne nouvelle : préparée à l'avance, elle se bonifie !

# Salade tiède de légumes-racines

## 6 portions

300 g (10 ½ oz) de halloom (p. 210) ou autre fromage
du même type
4 petites betteraves cuites, pelées (p. 200)
2 patates douces pelées
4 carottes pelées
3 panais pelés
1 gros oignon rouge
1 bulbe de fenouil
Huile d'olive
Graines de coriandre écrasées ou feuilles de romarin
hachées finement
Sel et poivre du moulin

Les hivers sont longs et les recettes avec les légumes-racines sont toujours bienvenues.

Préchauffer le four à 200 °C (400 °F).

Tailler le fromage en tranches de 1,5 cm (½ po) d'épaisseur. Le faire tremper dans l'eau 60 min pour le dessaler. Éponger.

Couper les betteraves en 2 ou en 4, les patates douces en morceaux de 5 cm (2 po). Tailler des tronçons de carottes et de panais ou les trancher en deux sur la longueur. Couper l'oignon et le fenouil en petits quartiers rattachés à la base.

Enrober les légumes d'huile, saler légèrement, ajouter la coriandre. Déposer sur une plaque couverte de papier parchemin et rôtir au four 20 min. Tourner les légumes et poursuivre la cuisson de 10 à 20 min, selon leur grosseur.

Avant de passer à table, faire dorer à sec le fromage dans une poêle antiadhésive.

Au service, disposer les légumes dans les assiettes et couvrir des tranches de fromage. Saupoudrer de dukkah (p. 18) ou accompagner de la sauce chimichurri (p. 27), de la tombée d'échalotes et câpres (p. 29), de la salsa aux agrumes (p. 29) ou d'une sauce composée de jus de lime ou de citron et d'huile d'olive. Donner quelques tours de moulin à poivre.

**Note** S'il reste des légumes rôtis, on peut les ajouter à du quinoa, du couscous ou du riz, avec un filet d'huile et quelques gouttes de jus de citron.

# PIZZA PARTY

pizza aux légumes rôtis
pizza champignons et saucisse
pizza aux asperges
focaccia aux pommes de terre
tarte à la tomate
pain de viande façon pizza

# Faites votre pizza !

**La base**
Pâte à pizza, pain naan, pita grec (les autres deviennent
plus secs) ou tortilla (pour une pizza très mince)

**Les indispensables**
Huile d'olive
Mozzarella, parmigiano reggiano, grana padano,
pecorino romano, fontina, provolone, chèvre ou autre

**Garnitures, au choix**
Olives dénoyautées en morceaux
Tapenade
Artichauts dans l'huile
Pesto de tomates séchées
Sauce tomate ou tomates en tranches avec un filet
d'huile d'olive et des herbes ciselées
Marmelade d'oignons
Légumes rôtis : poivron, courgette, aubergine,
oignon (p. 202)
Champignons sautés
Chair à saucisse cuite, émiettée

Préchauffer le four à 200 °C (400 °F).

Badigeonner d'un peu d'huile le contour de la
pâte ou de la base choisies. Garnir la pizza selon
votre goût.

Déposer sur une plaque. Cuire au four de 12 à
15 min (pour toutes les bases, sauf pour la tortilla
qui prendra environ 10 min) ou jusqu'à ce que le
fromage soit fondu.

L'idée, c'est d'avoir une belle et
bonne mise en place. Chacun prépare
sa pizza. Pour se simplifier la vie,
on utilise des pâtes précuites.
Amusez-vous dans le choix des
garnitures, puis passez au four.
Et, pour les amateurs de barbecue,
allez-y !

# Pizza aux légumes rôtis

Pâte à pizza ou la base de votre choix (p. 107)
Tapenade ou pesto de tomates séchées
Mozzarella râpée ou en cubes
1 à 2 c. à soupe de parmesan râpé par pizza
Tranches d'aubergine de 0,5 cm (¼ pouce) d'épaisseur
    rôties (p. 202), artichauts marinés en tranches
    ou poivrons rouges rôtis (p. 174) en julienne

**Garnitures, au choix**
Huile nature, piquante ou aux herbes
Feuilles de basilic ou de menthe
Roquette avec un filet d'huile

Tartiner la base avec la tapenade ou le pesto.
Parsemer de mozzarella et de parmesan.
Couvrir du légume choisi.

Cuire selon les indications de la recette type.

Garnir de l'huile et/ou de la verdure choisies
à la sortie du four.

# Pizza champignons et saucisse

Huile d'olive
Champignons (café, portobellos, pleurotes), en tranches
Ail ou échalote française, hachés finement
Saucisses italiennes douces ou fortes
Petites pâtes à pizza individuelles ou la base de votre
    choix (p. 107)
Mozzarella et/ou fontina
Sel

**Garnitures, au choix (facultatif)**
Petite roquette ou roquette hachée, huile d'olive et sel
Petite salade de persil italien

Dans une poêle, chauffer un peu d'huile à feu
moyen-élevé. Ajouter les champignons et faire
cuire de 7 à 8 min, sans trop remuer pour qu'ils
soient bien dorés. Saler, ajouter l'ail et cuire 2 min
jusqu'à ce qu'il n'y ait plus d'eau de végétation.
Transférer dans un bol et réserver.

Retirer la peau des saucisses. Dans la même
poêle, chauffer une bonne cuillerée d'huile et faire
revenir la chair à saucisse, en la défaisant à l'aide
d'une fourchette ou d'une cuillère en bois, jusqu'à
ce qu'elle perde sa couleur rosée, 5 min.
Mettre de côté.

Badigeonner d'un peu d'huile le contour de la
pâte ou de la base choisies. Couvrir avec les
fromages, les champignons et la saucisse.

Cuire selon les indications de la recette type.

Dès la sortie du four, garnir de la verdure choisie,
si désiré.

# Pizza aux asperges

Asperges dodues
Huile d'olive
Petites pâtes à pizza individuelles ou la base de votre
    choix (p. 107)
Mélange mozzarella râpée et chèvre frais émietté ou
    un mélange mozzarella et un peu de parmesan, râpés
Huile piquante (facultatif)
Sel et poivre du moulin

Pour obtenir des rubans d'asperge, tenir le pied
des asperges et, à l'aide d'un économe, en
appuyant, tailler de longues lanières. D'un côté
de l'asperge, d'abord, jusqu'à la moitié de
l'épaisseur. La retourner et répéter l'opération.
On peut aussi tout simplement la trancher en
diagonale le plus mince possible.

Mettre les asperges dans un bol, arroser d'un filet
d'huile d'olive, saler et poivrer. Mélanger.

Badigeonner d'un peu d'huile le contour de la
pâte ou de la base choisies. Couvrir avec les
fromages et les asperges.

Cuire selon les indications de la recette type.

Au service, si désiré, ajouter un filet d'huile et
du poivre ou une huile piquante.

# Focaccia aux pommes de terre

## 4 portions

4 ou 5 pommes de terre Yukon Gold, avec ou sans
   la pelure
1 boule de pâte à pizza de 500 g (1 lb)
Huile d'olive
250 g (9 oz) et plus de gruyère râpé
4 c. à soupe de crème 35 %
Feuilles de thym ou de romarin
Sel et poivre du moulin

Préchauffer le four à 200 °C (400 °F).

Tailler les pommes de terre en tranches de
0,5 cm (¼ po) d'épaisseur. Les cuire dans l'eau
bouillante salée 5 min. Égoutter et laisser tiédir.

Étendre la pâte à pizza pour obtenir une base de
0,5 cm (¼ po) d'épaisseur. Badigeonner d'un peu
d'huile le contour de la pâte. Déposer la pâte sur
une plaque.

Éparpiller la moitié du fromage sur la pâte.
Disposer les pommes de terre. Couvrir du reste
de fromage. Arroser de crème, parsemer de
l'herbe choisie et assaisonner généreusement.

Mettre au four jusqu'à ce que la croûte soit
gonflée et dorée et le dessus bien gratiné,
de 20 à 25 min.

Accompagner la focaccia d'une salade de mâche,
de cresson ou de toute autre verdure, d'une
salade de tomates ou d'une soupe à l'oignon
non gratinée.

# C'est super appétissant à la sortie du four et c'est tellement bon !

**Note** C'est une recette de mon éditrice, Louise Loiselle, qui a aussi la belle qualité d'être gourmande et cuisinière.

# Tarte à la tomate

## 6 portions

4 ou 5 tomates italiennes ou des petites tomates
  de différentes couleurs et grosseurs en tranches
3 c. à soupe d'huile d'olive
1 c. à soupe d'herbes de Provence ou
  d'herbes fraîches hachées
200 g (7 oz) de pâte feuilletée du commerce
2 c. à soupe de moutarde de Dijon ou à l'ancienne
625 ml (2 ½ tasses) de fromage râpé (du type gruyère,
  fontina ou un mélange mozzarella et chèvre)
1 poignée d'olives noires dénoyautées hachées
Sel et poivre du moulin

**Accompagnements**
Salade d'herbes, de jeunes pousses de laitue ou
  de roquette

**Préchauffer** le four à 200 °C (400 °F).

**Trancher** les tomates et mettre dans un bol avec l'huile, les herbes et le sel. Mélanger et réserver.

**Abaisser** la pâte pour former un rectangle de 3 mm (⅛ po) d'épaisseur. À l'aide d'une fourchette, piquer la pâte.

**Tartiner** la surface de moutarde en laissant une bordure de 1 cm (⅜ po).

**Éparpiller** le fromage et disposer les tomates au-dessus. Garnir d'olives.

**Cuire** environ 15 min dans le bas du four et passer sous le gril quelques minutes si nécessaire pour dorer la croûte.

**Au service**, diviser en parts, poivrer et coiffer de la verdure choisie.

C'est la moutarde
qu'on tartine sur
la croûte qui donne
à cette tarte tout
son woumf!

**La prochaine fois** **Tartelettes individuelles** : Pour 6 parts, il faut 285 g (10 oz) de pâte feuilletée du commerce et 375 ml (1 ½ tasse) de fromage râpé. Tailler des rectangles de 10 x 13 cm (4 x 5 po) et cuire de 12 à 15 min.

# Pain de viande façon pizza

## 4 ou 5 portions

2 tranches de pain sans croûte

4 c. à soupe de lait

500 g (1 lb) de bœuf haché

125 ml (½ tasse) de parmesan, de grana padano ou
  de pecorino romano, râpés

2 œufs

60 g (2 oz) de pancetta tranchée et hachée

Beurre

180 ml (¾ tasse) de tomates italiennes en boîte,
  égouttées, hachées

½ gousse d'ail pressée

Origan séché ou assaisonnement à l'italienne

120 g (4 oz) de mozzarella, de bocconcini, de provolone
  ou de fontina, en tranches de 0,5 cm (¼ po) d'épaisseur

Huile d'olive

Feuilles de basilic

Sel et poivre du moulin

## Parce que c'est plus drôle qu'un pain de viande et moins long que de façonner des boulettes.

Préchauffer le four à 220 °C (425 °F).

Dans un grand bol, tailler le pain en morceaux de 5 cm (2 po) et verser le lait. Laisser reposer jusqu'à ce que le liquide soit complètement absorbé.

Ajouter le bœuf, le fromage râpé, les œufs et la pancetta. Saler, poivrer et bien mélanger. (Cuire rapidement un peu du mélange pour vérifier l'assaisonnement.)

Beurrer un moule à charnière ou une assiette à tarte de 23 ou 25 cm (9 ou 10 po). Étaler la préparation de viande avec les mains ou le dos d'une cuillère.

Dans un bol, mélanger la tomate, l'ail et l'origan. Saler et poivrer. Étendre sur la viande. Disposer les tranches de fromage. (Si on utilise un fromage frais, il est préférable d'éponger les tranches.)

Cuire au four environ 25 min. Si le fromage a rejeté de l'eau, éponger de nouveau. Retirer le contour du moule à charnière.

Au service, arroser d'un filet d'huile et parsemer de quelques feuilles de basilic déchirées avant de tailler les parts.

Accompagnements
Poivrons rôtis (p. 174)
Purée de pommes de terre aux oignons verts (p. 168)
Brocoli à l'italienne (p. 164) ou autre légume vert
Salade de verdure de saison

**La prochaine fois** Préparer un mélange de pain de viande en ajoutant des herbes fraîches : 125 ml (½ tasse) de persil, de ciboulette et de basilic hachés.
**Note** Ceci est une recette de Giuliano Hazan que vous pouvez aussi adapter à votre propre mélange de pain de viande.

# DE LA MER

moules rôties beurre aux amandes
lobster rolls sauce cocktail
blt au homard
gravlax
saumon confit sauce verte
pâté parmentier au poisson
papillotes de poisson
poisson croustillant
poisson doré

# Moules rôties beurre aux amandes

## 4 portions

125 ml (½ tasse) d'amandes
180 ml (¾ tasse) de beurre à température ambiante
2 gousses d'ail hachées
1 petite échalote française hachée
60 ml (¼ tasse) de persil ou d'un mélange persil,
    cerfeuil ou ciboulette, hachés
1 c. à thé de zeste de citron râpé
1 c. à soupe de jus de citron
½ c. à thé ou plus de piment jalapeño haché finement
1,8 kg (4 lb) de moules fraîches
125 ml (½ tasse) de vin blanc
Sel et poivre du moulin

**Faire rôtir les amandes** au four à 180 °C
(350 °F), 8 min, jusqu'à ce qu'elles soient dorées.
Les laisser refroidir avant de les hacher
grossièrement.

**Dans un bol,** combiner le beurre, l'ail,
l'échalote, le persil, le zeste et le jus de citron,
le piment, ¾ c. à thé de sel et 1 c. à thé de
poivre. Ajouter les amandes et mélanger.
Réserver.

**Laver les moules** sous l'eau courante,
les ébarber et jeter celles qui ne se ferment pas
lorsqu'on les frappe.

**Préchauffer le four** à 220 °C (425 °F).

**Mettre les moules** dans un grand plat
allant au four. Ajouter le vin et répartir le beurre
aux amandes au-dessus. Cuire de 8 à 10 min ou
jusqu'à ce que les moules soient ouvertes,
en brassant à mi-cuisson.

**À la sortie du four,** remuer pour bien enrober
les moules de la sauce. Retirer les moules qui
ne sont pas ouvertes. Servir aussitôt dans des
assiettes creuses avec un bon pain croûté pour
tremper dans le jus au fond du plat.

## Charmant pour recevoir sans le moindre souci.

**Note** Lors de notre visite dans le Maine, toute l'équipe de tournage a craqué pour ces coquillages, une recette toute
proche de celle du talentueux chef Sam Hayward. Merci Sam.

# LOBSTER ROLLS

# Lobster rolls sauce cocktail

## 4 portions

500 à 570 g (1 à 1 ¼ lb) de chair de homard cuit

Sauce cocktail au curry (p. 25)

Céleri ou fenouil, hachés finement

Ciboulette ou oignon vert, hachés

4 pains à la croûte tendre

Beurre fondu ou huile

Paprika ou piment moulu (Espelette, Alep)

Dans un bol, mélanger la chair de homard, la sauce cocktail au curry, le céleri et la ciboulette.

Badigeonner les pains de beurre fondu et les faire griller. Les farcir du mélange de homard. Saupoudrer de paprika.

# Une façon de se sentir en vacances !

**La prochaine fois** **À l'apéro :** En bouchées sur des toasts. **En salade :** Disposer le mélange sur une salade verte assaisonnée ou sur une salade de fenouil. **En sandwich ouvert :** Avec du homard ou des crevettes nordiques.

# BLT au homard

## 4 portions

500 à 570 g (1 à 1 ¼ lb) de chair de homard cuit

Mayonnaise nature ou au basilic (p. 25),
   sauce cocktail au curry (p. 25) ou
   sauce wasabi (p. 59)

8 tranches de pain ou 4 petits pains

Beurre fondu ou huile

8 tranches de tomate

8 tranches fines de pancetta ou de bacon, cuites

Laitue, cresson ou roquette

Poivre du moulin

Dans un bol, mélanger la chair de homard et la mayonnaise choisie.

Badigeonner le pain de beurre fondu et le faire griller. Partager la chair de homard assaisonnée sur 4 tranches de pain, disposer les tranches de tomate, poivrer, couvrir de pancetta et de laitue.

Fermer le sandwich avec la deuxième tranche de pain.

**La prochaine fois  Lobster roll chaud :** Faites comme Sam Hayward. Dans une poêle, colorer le homard dans une bonne quantité de beurre. Saler et saupoudrer de piment d'Alep ou d'Espelette. Servir dans un petit pain grillé, garni de mayonnaise et de ciboulette hachée. Déguster aussitôt.

# Gravlax

## 8 portions en entrée

3 c. à thé de cassonade ou de sucre

3 c. à thé de gros sel

500 g (1 lb) de saumon dans la partie épaisse,
sans arêtes, sans peau

**Version à la menthe**

250 ml (1 tasse) de menthe hachée grossièrement,
bien tassée

Garniture (facultatif) : menthe hachée finement

**Version coriandre et agrumes**

2 c. à soupe de graines de coriandre écrasées

1 c. à thé de grains de poivre moulus grossièrement

3 c. à soupe de zeste de citron ou de lime râpé

1 c. à soupe de zeste d'orange râpé

Garniture (facultatif) : zeste de citron ou
de lime râpé finement

On n'est jamais,
jamais pris
au dépourvu
si on a un gravlax
au frigo.
Préparé en un
tour de main,
on peut le servir
au brunch,
au lunch, à l'apéro
ou en entrée.
Qui dit mieux ?

**Dans un petit bol,** mélanger la cassonade,
le sel et les aromates selon la version choisie.

**Transvider la moitié** du mélange dans le fond
d'un plat en verre. Déposer le poisson en
s'assurant que le dessous soit bien enrobé.
Étaler le reste du mélange sur le saumon pour le
couvrir entièrement.

**Déposer une pellicule plastique** sur le saumon.
Placer directement au-dessus une assiette ou un
autre plat. Superposer un poids (une conserve
ou une casserole en fonte, par exemple).
Laisser macérer au réfrigérateur de 24 à 36 h
selon l'épaisseur.

**Sortir le saumon** et gratter la croûte d'épices
et de sel. Rincer à l'eau tiède et assécher
rapidement avec du papier absorbant.

**Si désiré,** au service, garnir de zeste de citron ou
de menthe fraîche avant de tailler le plus mince
possible, en tranches ou en diagonale.
Servir avec l'accompagnement de votre choix.

### Accompagnements

Sauce wasabi (p. 59) ou sauce verte (p. 128)

Mayonnaise moutarde et miel (p. 25)

Citrons confits (p. 32 et 210) en julienne

Salsa aux agrumes (p. 29) ou
sauce yogourt coriandre (p. 27)

Céleri rémoulade (p. 84)

Trempette rouge betterave (p. 56)

# Saumon confit sauce verte

## 4 portions

2 c. à thé de sel

2 c. à thé de sucre

4 pavés de saumon de 170 g (6 oz), avec la peau
si possible

2 c. à soupe ou plus de sirop d'érable

2 c. à soupe d'huile d'olive

Poivre du moulin

**Sauce verte**

1 morceau de 4 cm (1 ½ po) de gingembre
râpé finement

5 c. à soupe de ciboulette hachée

1 à 2 c. à soupe de persil italien haché

125 ml (½ tasse) ou plus d'huile d'olive

Sel

## Comme moi, tous ceux à qui j'ai servi ce plat l'ont aussitôt adopté. Bon signe !

Dans un bol, mélanger le sel et le sucre. Saupoudrer le saumon du mélange uniformément. Couvrir et mettre au réfrigérateur 45 min.

Rincer les pavés de saumon et les éponger. Laisser reposer à température ambiante de 20 à 30 min.

Préchauffer le four à 120 °C (250 °F).

Déposer les pavés côté peau dans un plat allant au four et les arroser de sirop d'érable et d'huile. Poivrer. Cuire au four de 20 à 30 min. Arroser le poisson de son jus à mi-cuisson. Lorsque la peau s'enlève facilement, les pavés sont cuits.

Préparer la sauce verte. Mettre tous les ingrédients dans un petit bol et broyer au mélangeur à main jusqu'à l'obtention d'une sauce homogène. Vérifier l'assaisonnement.

Servir les pavés avec une cuillerée de sauce dans l'assiette ou sur le poisson.

**Accompagnements**
Salade de fenouil
Salade quinoa et betteraves (p. 99) sans feta
Salade de concombres
Salade de laitues mélangées
Légumes verts

**La prochaine fois** Faites la sauce verte avec un mélange d'herbes en saison.
Remplacer la sauce verte par la salsa aux agrumes (p. 29) ou la tombée d'échalotes et câpres (p. 29).
**Note** Une recette que le très brillant Charles-Antoine Crête, du Toqué ! et de la Brasserie T !, a cuisinée à l'émission. Merci !

# Pâté Parmentier au poisson

## 4 portions

3 grosses pommes de terre Yukon Gold ou Russet

3 c. à soupe et plus de beurre

1 l (4 tasses) de poireaux (partie blanche et vert pâle),
en rondelles fines

250 ml (1 tasse) de bouillon de poulet ou de légumes

Pour la purée : lait, beurre, muscade

600 g (1 ⅓ lb) de poisson en cubes

Zeste de 1 citron

Beurre fondu

Chapelure dorée (p. 16) ou du commerce (facultatif)

Sel et poivre du moulin

Ne cherchez pas le goût du pâté au poisson traditionnel, c'est tout autre chose, mais on y trouve le même réconfort.

Couper les pommes de terre en cubes de 2,5 cm (1 po). Mettre dans une casserole, couvrir d'eau froide et saler. Porter à ébullition, réduire la chaleur et laisser mijoter à couvert de 15 à 20 min jusqu'à ce qu'elles soient cuites.

Dans une poêle, faire fondre 3 c. à soupe de beurre, ajouter le poireau et bien l'enrober. Cuire à feu doux sans laisser brunir, 5 min. Ajouter le bouillon, saler et laisser mijoter doucement environ 10 min ou jusqu'à ce que le liquide soit presque absorbé. Vérifier l'assaisonnement.

Lorsque les pommes de terre sont cuites, les égoutter, puis les remettre dans la casserole. Verser du lait et piler pour obtenir une purée ferme. Incorporer du beurre et de la muscade. Vérifier l'assaisonnement.

Saler et poivrer le poisson, l'enrober du zeste de citron.

Préchauffer le four à 200 °C (400 °F).

Beurrer un plat allant au four ou 4 ramequins individuels. Foncer avec la moitié des poireaux. Ajouter le poisson, puis le reste des poireaux. Couvrir de purée de pommes de terre. (Si on prépare le pâté quelques heures à l'avance, le conserver au réfrigérateur et le ramener à température ambiante avant de l'enfourner.)

Badigeonner de beurre fondu ou, si désiré, d'un mélange de beurre et de chapelure. Cuire au four de 30 à 40 min pour le plat unique et de 20 à 30 min pour les ramequins individuels.

Accompagnements
Salade verte
Sauce piquante
Sauce vierge (p. 29)
Sauce soleil rouge (p. 30)

La prochaine fois **Varier les purées** : Utiliser la purée de pommes de terre aux oignons verts (p. 168).

Note  La compote de poireaux, je la dois à Martin Juneau qui l'avait cuisinée à l'émission. Merci Martin.

# Papillotes de poisson

## 4 portions

4 pavés de poisson à chair ferme de 170 g (6 oz)
1 poireau en bâtonnets (p. 202)
2 courgettes en bâtonnets
2 carottes en bâtonnets
5 à 6 c. à soupe de beurre parfumé (câpres et citron ou olives noires et orange, p. 23) ou beurre avec zeste de citron
Sel et poivre du moulin

Préchauffer le four à 200 °C (400 °F).

Saler le poisson. Réserver.

Préparer 4 papillotes (p. 204). Répartir les légumes sur les feuilles de papier parchemin (ou papier d'aluminium). Saler légèrement et mettre des noisettes du beurre parfumé choisi.

Placer le poisson au-dessus et ajouter de nouveau du beurre parfumé.

Fermer les papillotes et les déposer sur une plaque. Cuire au four sur la grille du bas de 12 à 15 min.

Pratiquer une incision au centre de la papillote à l'aide de ciseaux ou d'un couteau et servir immédiatement.

Au service, si désiré, donner quelques tours de moulin à poivre. Accompagner de couscous (p. 173) ou de quinoa (p. 206).

## Pour un plat complet au retour du travail ou pour recevoir. Les légumes, le poisson, les parfums, tout y est.

# Poisson croustillant

## 4 portions

4 pavés de poisson de 170 g (6 oz), sans la peau
Beurre parfumé (câpres et citron ou olives noires et orange, p. 23), à température ambiante
Chapelure ou panko
Amandes effilées légèrement dorées (facultatif)
Sel

Préchauffer le four à 220 °C (425 °F).

Saler le poisson. Déposer sur une plaque. Tartiner un côté du poisson avec le beurre. Saupoudrer de chapelure ou d'un mélange d'amandes et de chapelure.

Cuire au four de 7 à 10 min. Passer sous le gril pour dorer.

## Plus simple que ça, difficile à trouver! Une autre façon d'utiliser les beurres parfumés.

# Poisson doré

4 portions

4 pavés de poisson de 170 g (6 oz), sans la peau
Curcuma ou curry de Madras
Farine de riz (p. 210) ou farine
Huile d'olive
Sel

Préchauffer le four à 180 °C (350 °F).

Saler le poisson. Saupoudrer de curcuma.
Mettre de la farine de riz dans une assiette et
en enrober légèrement le poisson.

Dans une poêle allant au four, chauffer un peu
d'huile à feu moyen-élevé. Faire dorer le poisson
des deux côtés.

Couvrir le manche de la poêle de papier
d'aluminium si nécessaire ou transférer le poisson
sur une plaque. Enfourner et cuire de 5 à 10 min
selon le poisson et l'épaisseur du morceau.

On peut servir ce plat accompagné de fenouil
à l'orange (ci-contre) ou avec une sauce vierge,
une tombée d'échalotes et câpres ou une salsa
aux agrumes, toutes trois à la p. 29.

C'est appétissant,
c'est facile et c'est bon,
que vous le serviez
accompagné du fenouil
à l'orange ou d'une
salsa. Cette cuisson
s'adapte à tous
les poissons à chair
blanche.

# Fenouil à l'orange

4 portions

Huile d'olive
1 gros bulbe de fenouil en tranches fines
4 c. à thé de beurre
Zeste de 1 orange
80 ml (⅓ tasse) de jus d'orange
Persil (facultatif)
Sel

Chauffer un peu d'huile dans une poêle.
Faire dorer le fenouil en le salant légèrement,
à feu moyen-doux, de 15 à 20 min. Ajouter le
beurre, le zeste, le jus d'orange et le persil si
désiré. Laisser cuire de 5 à 10 min jusqu'à ce
que le liquide soit presque entièrement évaporé.
Garder au chaud.

# À LA BOUCHERIE DU COIN

poulet crapaudine
marinades
poulet et légumes rôtis
paillards de poulet
poulet aux olives
feuilletés à la dinde
burgers de dinde à la moutarde
burgers de dinde à l'indienne
burgers d'agneau
bavette grillée
saucisses sauce brune aux oignons
braisé de porc
côtes levées

# Poulet crapaudine

## 4 portions

1 poulet de 1,5 à 1,8 kg (3 à 4 lb) en crapaudine*
1 ½ à 2 c. à thé de gros sel
Marinade, au choix (p. 140)
1 à 2 gros oignons en quartiers
250 ml (1 tasse) de bouillon de poulet, de légumes,
  d'eau ou la moitié en vin blanc (facultatif)

\* Préparer le poulet soi-même (p. 206) ou,
  mieux, le demander à son boucher.

## Quand on parle de réconfort, le poulet rôti est vraiment un must.

La veille, ou 8 h avant de cuire le poulet, le saler sur toutes ses surfaces. Couvrir d'un torchon ou d'une pellicule plastique et mettre au réfrigérateur.

Préparer la marinade de votre choix.

Sortir le poulet du réfrigérateur et laisser reposer à température ambiante 30 min. L'éponger avec du papier absorbant.

Préchauffer le four à 220 °C (425 °F).

Déposer le poulet dans une lèchefrite, un plat en terre cuite ou une grande poêle. Badigeonner généreusement la peau de marinade. On peut aussi soulever délicatement la peau et enduire la chair de marinade avec les doigts. Glisser les quartiers d'oignon sous le poulet. Rentrer le bout des ailes sous le poulet.

Cuire au four environ 1 h 15 jusqu'à ce que la température interne de la cuisse atteigne 75 °C (170 °F) ou jusqu'à ce que le jus qui s'écoule soit clair. Environ 15 min avant la fin de la cuisson, arroser le poulet avec son jus et ajouter si désiré le liquide choisi. (Ne pas laisser la porte du four ouverte trop longtemps pour ne pas réduire la chaleur.)

Sortir le poulet du four, le couvrir et le laisser reposer de 5 à 10 min avant de le tailler.

Pendant ce temps, préparer la sauce. Porter rapidement à ébullition le jus de cuisson en décollant les sucs au fond du plat. Filtrer et réserver les oignons.

Servir avec le jus de cuisson, dans une saucière à dégraisser si désiré. Découper le poulet et servir avec les oignons dans des assiettes réchauffées.

# Marinades

**Barbecue**

1 ½ c. à soupe de paprika

1 c. à soupe de curry de Madras ou 1 c. à thé de thym séché ou d'assaisonnement à l'italienne

¼ à ½ c. à thé de piment d'Alep, de Cayenne ou autre

2 c. à thé de coriandre moulue

2 c. à soupe d'huile d'olive

**Aux herbes**

4 c. à soupe de romarin haché finement

1 c. à thé d'origan séché

4 c. à soupe d'huile d'olive

# Poulet et légumes rôtis

Légumes-racines (panais, carottes, pommes de terre) en tronçons de 4 cm (1 ½ po)

Bulbe de fenouil en quartiers rattachés à la base

Oignon en quartiers

Poireau en tronçons de 6 cm (2 ½ po)

Huile d'olive

Zeste et jus de citron ou de lime (facultatif)

Sel et poivre du moulin

Mettre les légumes dans un bol. Les enrober légèrement d'huile, ajouter le zeste et le jus de citron si désiré. Saler et poivrer. Couvrir le fond du plat de cuisson et déposer le poulet par-dessus. En cours de cuisson, remuer les légumes pour éviter qu'ils ne brûlent.

Accompagnements

Purée de pommes de terre ou autre légume-racine (panais, patates douces, céleri-rave)

Poêlée de pommes de terre (p. 168)

Légumes verts (p. 164) ou choux de Bruxelles rôtis (p. 166)

Poivrons rôtis (p. 174)

Salade de haricots verts (p. 177)

Salade verte

Sauce soleil rouge (p. 30), sauce chimichurri (p. 27) ou sauce vierge (p. 29)

Mélange de jus de citron et d'huile d'olive ou demi-citrons cuits au four en même temps que le poulet et pressés au service

# Paillards de poulet

## 4 portions

4 poitrines de poulet de 170 g (6 oz) chacune
2 c. à soupe d'huile d'olive et plus
2 c. à thé de zeste de lime ou de citron râpé finement
4 c. à thé de fleur d'ail dans l'huile (p. 210) ou 1 gousse
   d'ail pressée (facultatif)
Sel

**Assaisonnements, au choix**
2 c. à soupe d'herbes hachées (romarin, thym, origan,
   marjolaine)
4 c. à thé de ras el hanout (p. 212) ou autre mélange
   d'épices

**Garniture (facultatif)**
Quartiers de lime ou de citron

Retirer le filet des poitrines et les couper en deux sur l'épaisseur. Pour les égaliser, les placer entre 2 feuilles de pellicule plastique et, à l'aide d'un rouleau à pâtisserie, les aplatir légèrement.

Dans un plat, mélanger 2 c. à soupe d'huile, le zeste, l'ail si désiré et l'assaisonnement choisi.

Faire mariner le poulet au moins 30 min. Retirer le poulet du plat et saler.

Dans une poêle, chauffer un peu d'huile. À feu moyen-élevé, faire dorer les poitrines de poulet de 2 à 3 min de chaque côté. Si elles ne sont pas tout à fait cuites, baisser le feu et poursuivre la cuisson.

Servir avec des quartiers de lime ou de citron si désiré et l'accompagnement choisi.

Accompagnements
Salade de haricots verts (p. 177)
Hommos dilué avec un peu de jus de citron et saupoudré
   de paprika ou de sumac (p. 212)
Sauce vierge (p. 29), salsa aux agrumes (p. 29), tombée
   d'échalotes et câpres (p. 29) ou sauce chimichurri (p. 27)
Salade de jeunes épinards, de cresson, de roquette ou
   de laitue de saison
Céleri rémoulade (p. 84)
Poivrons rôtis (p. 174)

En sandwich
Préparer avec le poulet froid un sandwich avec une mayonnaise parfumée (au basilic ou moutarde et miel ou sauce cocktail au curry, p. 25).

# On décline ce plat selon nos humeurs, au gré des salsas et des accompagnements.

# Poulet aux olives

## 4 portions

1 poulet coupé en 8 morceaux ou 8 à 12 pilons ou
  8 hauts de cuisse, avec la peau

4 c. à soupe d'huile d'olive

80 ml (⅓ tasse) de sirop d'érable ou de miel

80 ml (⅓ tasse) de vinaigre de cidre, de xérès ou
  balsamique blanc

160 ml (⅔ tasse) de bouillon de poulet

2 gousses d'ail hachées

2 c. à soupe de feuilles de thym ou 2 c. à thé d'herbes
  de Provence

2 feuilles de laurier brisées

250 ml (1 tasse) d'olives vertes dénoyautées entières
  ou en 2

125 ml (½ tasse) d'abricots secs en 2 ou en 4

Sel et poivre du moulin

Une casserole savoureuse et simplissime qui se fait en deux temps : on marine, on cuit ! C'est tout !

Retirer l'excédent de gras du poulet si nécessaire. Mélanger tous les ingrédients dans un grand bol ou dans un sac plastique de congélation. Avant de refermer le sac, retirer le plus d'air possible. Laisser mariner au réfrigérateur au moins 2 h ou toute une nuit.

Préchauffer le four à 190 °C (375 °F).

Vider le contenu du sac dans un plat de 23 x 33 cm (9 x 13 po). Saler le poulet des 2 côtés. Placer le poulet avec la peau vers le haut et répartir les autres ingrédients autour.

Cuire au four de 50 à 60 min en arrosant le poulet souvent pendant les dernières 30 min. Transférer le poulet dans un plat et servir.

Accompagnements
Couscous au citron confit (p. 173)
Une purée et un légume vert

# Feuilletés à la dinde

## 8 à 10 portions

25 à 40 g (¾ à 1 ⅓ oz) de porcinis séchés (p. 212)

375 ml (1 ½ tasse) d'eau

6 c. à soupe de gras de canard (de préférence)
   ou d'huile d'olive

120 g (4 oz) de prosciutto en dés

1 kg (2 lb) de hauts de cuisse ou de blanc de dinde,
   en cubes

700 g (1 ½ lb) de champignons (café, shiitake,
   pleurotes), émincés

2 gousses d'ail hachées finement (facultatif)

2 gros poireaux (partie blanche et vert pâle seulement),
   émincés

2 à 4 c. à soupe de brandy ou de cognac (facultatif)

80 ml (⅓ tasse) de farine

750 ml (3 tasses) de fond de veau ou d'un bouillon de
   poulet maison

250 ml (1 tasse) d'eau de trempage des porcinis

1 ½ c. à soupe de feuilles de thym

1 pincée de noix de muscade râpée ou moulue

8 à 10 feuilletés maison (p. 200) ou vol-au-vent pur
   beurre du commerce

Sel et poivre du moulin

**Et maintenant la recette rétro! Dans ma famille, c'est la façon de revisiter les vol-au-vent que ma grand-mère nous servait aux Fêtes.**

**Dans un bol,** faire tremper les porcinis dans l'eau chaude environ 15 min. Passer au tamis tapissé de papier absorbant au-dessus d'un bol pour recueillir le liquide de trempage. Réserver. Hacher les champignons.

**Dans une grande poêle,** chauffer 2 c. à soupe de graisse de canard, à feu moyen-élevé, et faire dorer le prosciutto 5 min. Réserver dans un bol. Enlever l'excédent de gras de la poêle.

**Saler et poivrer la dinde.** Dans la même poêle, ajouter 2 c. à soupe de graisse de canard et faire revenir la moitié de la dinde 5 min ou jusqu'à ce que la viande soit bien colorée et cuite. Répéter avec la dinde restante. Transférer dans le bol avec le prosciutto.

**Dans la même poêle,** mettre de nouveau 2 c. à soupe de graisse de canard et faire sauter les champignons en plusieurs fois, à feu moyen-élevé, jusqu'à ce que l'eau de végétation soit évaporée. Ajouter les porcinis, l'ail et le poireau quelques minutes jusqu'à ce que le poireau soit tombé.

**Mouiller avec le brandy** si désiré et laisser réduire de 1 à 2 min. Saupoudrer la farine, remuer et laisser cuire, à feu doux, 2 min. Verser le fond ou le bouillon et l'eau de trempage des porcinis. Ajouter le thym et la muscade. Mélanger et laisser mijoter 5 min. Saler et poivrer. Mettre la viande réservée et poursuivre la cuisson 5 min.

**La sauce se prépare à l'avance.** Au moment de servir, réchauffer à feu doux, à mi-couvert, en remuant souvent. Avant de monter les assiettes, mettre les feuilletés au four à 180 °C (350 °F) quelques minutes.

**Couper les feuilletés** en deux sur l'épaisseur. Disposer une base dans chaque assiette et napper de sauce. Recouvrir du chapeau.

**Servir les feuilletés** accompagnés d'une salade de laitues (radicchio, endives, cresson) ou de betteraves.

**La prochaine fois** Remplacer les poireaux par 375 ml (1 ½ tasse) d'oignons perlés cuits ou dégelés et égouttés.
**Note** Idéale pour recevoir, cette recette se double sans problème. On prend le temps de préparer la sauce à l'avance et il n'y a presque rien à faire quand les invités sont là.

# Burgers de dinde à la moutarde

## 4 portions

500 g (1 lb) de dinde (dont une partie de viande brune) ou de poulet hachés
6 oignons verts hachés finement
3 c. à soupe de moutarde de Dijon ou à l'ancienne
3 c. à soupe de parmesan râpé
80 ml (⅓ tasse) de roquette ou 60 ml (¼ tasse) de persil, hachés (facultatif)
Huile d'olive
Sel et poivre du moulin

**Pains, au choix**
4 pains plats à burgers ou autre (pizza blanche, kaiser artisanal, pain croûté)

**Garnitures, au choix**
Mayonnaise ou mayonnaise parfumée (p. 24)
Sauce piquante
Salsa aux agrumes (p. 29)
Pancetta ou bacon cuits
Poivrons rôtis (p. 174)
Tomate jaune ou rouge en tranches
Cresson, roquette ou jeunes épinards

Dans un bol, mélanger la viande, les oignons verts, la moutarde, le parmesan, la roquette et assaisonner. Façonner 4 galettes sans trop travailler le mélange. Réfrigérer au moins 30 min.

Chauffer un peu d'huile dans une poêle antiadhésive et faire cuire les galettes, à feu moyen-élevé, 5 min. Retourner une seule fois et poursuivre de 2 à 3 min avant de baisser le feu pour terminer la cuisson. La viande sera à point quand elle ne laissera échapper aucun jus lorsque piquée avec la pointe d'un couteau.

Préparer les burgers avec les garnitures de votre choix.

# Burgers de dinde à l'indienne

## 4 portions

500 g (1 lb) de dinde (dont une partie de viande brune) ou de poulet hachés
2 à 3 c. à thé de curry de Madras
4 c. à soupe de coriandre hachée
1 morceau de 2 cm (¾ po) de gingembre haché finement
6 oignons verts hachés finement
Huile d'olive
Sel et poivre du moulin

**Pains, au choix**
4 pains naan ou pitas

**Garnitures, au choix**
Chutney à la mangue avec julienne de mangue fraîche
Mayonnaise ou sauce cocktail au curry (p. 25)
Concombre et tomate
Feuilles de coriandre

Dans un bol, mélanger la viande, les assaisonnements et les oignons verts. Façonner 4 galettes sans trop travailler le mélange. Réfrigérer au moins 30 min.

Chauffer un peu d'huile dans une poêle antiadhésive et faire cuire les galettes, à feu moyen-élevé, 5 min. Retourner une seule fois et poursuivre de 2 à 3 min avant de baisser le feu pour terminer la cuisson. La viande sera à point quand elle ne laissera échapper aucun jus lorsque piquée avec la pointe d'un couteau.

Préparer les burgers avec les garnitures de votre choix.

Qui n'aime pas les burgers ? En voici deux recettes aux parfums bien différents. On les sert avec le pain ou encore en plat, accompagnés d'une salsa et d'une salade.

# Burgers d'agneau

## 4 portions

500 g (1 lb) d'agneau ou un mélange d'agneau et bœuf hachés

2 c. à thé d'origan séché

4 c. à soupe de menthe hachée

Zeste de 1 citron râpé finement

1 gousse d'ail pressée ou 4 c. à soupe d'échalotes françaises tombées dans un peu d'huile

Huile d'olive

Sel et poivre du moulin

**Pains, au choix**

4 pitas, pains aux olives, autres petits pains

**Garnitures, au choix**

Mayonnaise parfumée (p. 24)

Tzatziki ou sauce yogourt coriandre (p. 27)

Tomates en tranches

Laitue, cresson, roquette, jeunes épinards

Tranches d'aubergine rôties (p. 202)

Poivrons rôtis (p. 174 et 206)

Feta

Dans un bol, mélanger tous les ingrédients, à l'exception de l'huile. Cuire une cuillerée pour vérifier l'assaisonnement. Façonner 4 galettes.

Cuire les galettes dans une poêle antiadhésive avec un peu d'huile ou au barbecue, environ 5 min de chaque côté. Ne les tourner qu'une seule fois en cours de cuisson.

Au service, réchauffer ou non les pains et garnir les burgers selon votre goût.

Une autre variante de burger, avec de l'agneau cette fois, qu'on peut aussi servir sans pain, avec une salsa et un légume rôti.

# Bavette grillée

4 à 6 portions

Marinade, au choix (p. 154)
700 g (1 ½ lb) de bœuf (bavette, onglet, flanc)
Sel (facultatif)

**J'aime bien cuire cette viande parce que c'est goûteux, la préparation est simple et la cuisson rapide.**

Dans un bol, mélanger les ingrédients de la marinade choisie. Transférer dans un sac plastique de congélation et ajouter la viande. Faire en sorte que la viande soit bien enrobée. Avant de refermer le sac, retirer le plus d'air possible (si vous possédez une machine d'emballage sous vide, c'est le temps de l'utiliser). Mettre au réfrigérateur au moins 4 h, jusqu'à 24 h, et même plus.

Sortir la viande du réfrigérateur 1 h avant de la cuire. Retirer la viande du sac et enlever l'excédent de marinade. Saler si désiré et procéder à la cuisson au four, dans une poêle striée sur la cuisinière ou au barbecue. Pour ce dernier mode de cuisson, bien éponger la marinade qui, autrement, pourrait provoquer des flammes.

Pour la cuisson au four, déposer la viande sur une plaque couverte de papier d'aluminium. Rapprocher la grille de l'élément du haut. Cuire sous le gril de 4 à 5 min de chaque côté selon l'épaisseur. (Gare aux flammes. Surveiller la cuisson.) À la sortie du four, emballer le steak dans le papier d'aluminium et laisser reposer de 5 à 10 min.

Lorsque la viande aura reposé, tailler des tranches en diagonale et servir dans des assiettes chaudes.

Accompagnements
Salsa aux agrumes (p. 29)
Salade de roquette
Salade de haricots verts (p. 177) ou salade de saison
Poêlée de pommes de terre (p. 168)
Légumes rôtis (p. 202)
Poivrons rôtis (p. 174)

## Marinade méditerranéenne

60 ml (¼ tasse) d'huile d'olive
2 ½ c. à soupe de moutarde de Dijon
2 c. à soupe de romarin haché finement
2 c. à soupe de persil haché
2 gousses d'ail pressées

## Marinade à la sauce chimichurri

Sauce chimichurri (p. 27)

Utiliser la moitié de la sauce pour faire mariner la viande et servir le restant avec le steak.

On double la recette puisqu'on veut absolument qu'il en reste pour en profiter froid le lendemain.

## Le lendemain...

Servir froid avec une salade
Salade de laitue et vinaigrette moutardée
Salade aux herbes (estragon, ciboulette, menthe)
Salade de pommes de terre
Salade de tomates (p. 88)
Céleri rémoulade (p. 84)
Salade de haricots verts (p. 177)

En sandwich
Sandwich ouvert avec un pain croûté artisanal
Dans un pain ciabatta
Garniture : une marmelade d'oignons ou une
    mayonnaise parfumée (p. 24) et des cornichons salés ou à
    l'aneth, tranchés sur la longueur, ou des oignons marinés

154

# Saucisses sauce brune aux oignons

## 4 ou 5 portions

2 c. à soupe de beurre

500 ml (2 tasses) d'oignons espagnols ou
   autres, émincés

1 c. à soupe de feuilles de thym

½ c. à thé de sel

2 gousses d'ail pressées

1 ½ c. à soupe de farine

4 c. à soupe de vinaigre balsamique

250 ml (1 tasse) de fond de poulet ou de veau

2 c. à soupe de persil italien haché (facultatif)

800 g (1 ¾ lb) de saucisses

Poivre du moulin

**Dans une poêle,** chauffer le beurre à feu moyen, ajouter les oignons, le thym et le sel. Cuire à feu moyen-doux, en brassant à l'occasion, jusqu'à ce que les oignons soient transparents, sans les laisser brunir, 10 min. Ajouter l'ail en fin de cuisson.

**Incorporer la farine** et poursuivre la cuisson, en remuant, 2 min. Verser le vinaigre et faire réduire de moitié à feu moyen-élevé.

**Ajouter le fond** et laisser mijoter, à feu moyen-doux, 10 min. Vérifier l'assaisonnement.

**Ajouter le persil** si désiré. Réserver au chaud et mettre à cuire les saucisses dans une poêle ou au barbecue.

**Donner** quelques tours de moulin à poivre sur la sauce aux oignons et servir dès que les saucisses sont prêtes.

### Accompagnements

Purée de pommes de terre nature ou
   aux oignons verts (p. 168)

Purée de panais ou de céleri-rave

Légumes verts

## Les *bangers and mash* sont des plats réconfort façon « brit ».

**Note** Ce plat est inspiré d'une recette de Derek Dammann. Merci !

# Braisé de porc

## 4 à 6 portions

1 morceau d'épaule de porc de 2 kg (4 ¼ lb) avec l'os
   (ou 1,5 kg/3 lb sans l'os)
2 à 3 c. à soupe de gras de canard ou d'huile d'olive
2 bulbes d'ail entiers
1 gros bouquet de sauge ou un bouquet de sauge et
   romarin
250 ml (1 tasse) de bouillon
125 ml (½ tasse) de vin blanc ou de bouillon
Sel et poivre du moulin

Privilégiez un cochon « bien élevé », voire biologique. On cuit ce plat à l'avance et on réchauffe la viande dans son jus. C'est encore plus savoureux.

**Retirer l'excédent de gras** de la pièce de viande et la saler légèrement. Mettre au réfrigérateur quelques heures ou une nuit.

**Préchauffer le four** à 150 °C (300 °F).

**Bien rincer** et éponger la viande. Dans une cocotte, chauffer le gras de canard à feu moyen-élevé et saisir le porc de tous les côtés. Couper le dessus des bulbes d'ail en chemise et les placer, avec la sauge, autour de la pièce de viande. Poivrer.

**Verser le bouillon et le vin,** couvrir et mettre au four. Pour une pièce de viande avec os et couenne, cuire 4 h 30 ou jusqu'à ce que la viande se détache de l'os. Si l'on désire plutôt obtenir de belles tranches, choisir un morceau sans os et cuire environ 3 h.

**Ce plat** peut se préparer à l'avance : détacher en morceaux ou trancher la viande et, juste avant de servir, la réchauffer dans son jus. On peut extraire la purée d'ail de quelques gousses et l'écraser dans le jus de cuisson.

**Accompagner** d'une purée de légumes (pommes de terre, céleri-rave, panais, patates douces) et d'un légume vert (p. 164).

# Côtes levées

## 4 portions

8 grosses gousses d'ail hachées
1 à 2 c. à soupe de romarin haché finement
2 c. à soupe combles de cassonade
4 c. à soupe de vinaigre de cidre
¼ à ½ c. à thé de piment de Cayenne
4 c. à soupe de sauce soya ou de tamari
1 c. à thé de poivre du moulin
2 kg (4 ¼ lb) de côtes de dos de porc
250 ml (1 tasse) d'eau

**Sauce**
375 ml (1 ½ tasse) de jus de pomme brut
180 ml (¾ tasse) de cassonade

Dans un bol, mélanger l'ail, le romarin, la cassonade, le vinaigre, le piment, la sauce soya et le poivre. Enrober les côtes de marinade et placer au réfrigérateur de 8 à 24 h.

Préchauffer le four à 220 °C (425 °F).

Verser l'eau dans une lèchefrite, mettre les côtes et couvrir de papier d'aluminium. Cuire au four 1 h 45 ou jusqu'à ce que la viande soit très tendre.

Retirer les côtes levées et réserver. Préparer la sauce. Enlever le maximum de gras du liquide de cuisson et verser ce qui reste dans une poêle. Ajouter le jus de pomme, la cassonade et porter à ébullition en brassant. Laisser mijoter doucement jusqu'à ce que la sauce devienne légèrement sirupeuse.

Préchauffer le gril du four et placer la grille à environ 15 cm (6 po) de l'élément. Tapisser une plaque de papier d'aluminium.

Déposer les côtes levées sur la plaque et badigeonner la sauce de chaque côté. Griller quelques minutes et retourner. Badigeonner le côté viande à 2 reprises. Le dessus sera bien laqué après 6 à 8 min.

On peut cuire les côtes levées 24 h à l'avance et les garder au réfrigérateur. Le jour même, les ramener à température ambiante avant de les badigeonner de sauce et de les griller.

Accompagner ce plat de salade de chou ou de crudités.

# Une histoire de gars...

**Note** Après quelques photos de salades, Jean, le photographe carnivore qui a magnifiquement illustré ce livre, a clairement réclamé quelque chose d'un peu plus consistant: « De la viande ! » Blake, avec qui je cuisinais, a concocté cette recette à partir de celle de Jean. Merci les gars !

# LES À-CÔTÉS

# Brocoli
# à l'italienne

## 4 portions

3 c. à soupe d'huile d'olive
3 gousses d'ail écrasées, en 2
Flocons de piment
500 g (1 lb) de brocoli en bouquets
250 ml (1 tasse) d'eau ou de bouillon de légumes
    ou de poulet
Sel

**Dans une poêle,** chauffer l'huile à feu moyen, ajouter l'ail, le piment et laisser dorer sans brûler pour parfumer l'huile.

**Ajouter** les bouquets de brocoli, bien les enrober et saler. Verser juste assez de liquide pour couvrir le fond de la poêle. Mettre un couvercle et faire cuire environ 3 min jusqu'à ce que le brocoli soit *al dente*.

# Légumes
# verts

Épinards et kale, brocoli, haricots verts, edamames
Servir avec un filet d'huile et le gomasio (p. 18).

Brocoli, rapinis, haricots verts, épinards
Parfumer avec un beurre parmesan et poivre (p. 23).

Brocoli, haricots verts
Relever avec un beurre au Sriracha (p. 23).

# Tiges, bouquets, feuilles, tout ce qui est vert, on aime !

# Choux de Bruxelles rôtis

Choux de Bruxelles en 2
Huile d'olive
Sel et poivre du moulin

**Garnitures (facultatif)**
Parmesan râpé ou quartiers de citron

Préchauffer le four à 200 °C (400 °F).

Déposer les choux sur une plaque. Arroser d'un filet d'huile et bien mélanger pour les enrober. Assaisonner. Les disposer le côté coupé sur la plaque. Cuire environ 15 min avant de les retourner. Poursuivre la cuisson 5 min ou jusqu'à ce qu'ils soient dorés.

Au service, si désiré, parsemer les choux de Bruxelles de parmesan ou accompagner de quartiers de citron.

# Chou-fleur rôti

Chou-fleur
Huile d'olive
Curcuma ou curry de Madras
Sel

Préchauffer le four à 200 °C (400 °F).

Découper le chou-fleur en bouquets de 5 cm (2 po) à l'aide d'un couteau pour obtenir une surface plate.

Dans un bol, enrober le chou-fleur d'huile. Saler, saupoudrer de curcuma et mélanger.

Déposer sur une plaque tapissée de papier parchemin. Cuire de 20 à 25 min ou jusqu'à ce qu'il soit doré, en le retournant à mi-cuisson.

Une recette pour convertir tous ceux qui croient ne pas aimer les choux de Bruxelles !

# Poêlée de pommes de terre

Grelots ou rattes ou pommes de terre Yukon Gold
Huile d'olive ou gras de canard
Assaisonnement à l'italienne, un autre mélange
  d'épices ou romarin
Sel

Dans une casserole d'eau bouillante salée,
faire cuire les pommes de terre entières jusqu'à
ce qu'elles soient presque cuites, mais encore
fermes. Égoutter.

Couper les pommes de terre en deux ou
en quartiers, selon leur grosseur.

Dans une poêle, chauffer l'huile ou le gras de
canard, à feu moyen, et faire sauter les pommes
de terre sans trop les remuer pour qu'elles
prennent couleur. À mi-cuisson, parsemer de
l'aromate choisi, goûter et saler si votre mélange
d'épices n'est pas salé.

# Résumons-nous : c'est assez difficile de résister à une poêlée de pommes de terre !

# Purée de pommes de terre aux oignons verts

4 à 6 portions

1 kg (2 lb) de pommes de terre Yukon Gold ou Idaho,
  en quartiers
1 ½ c. à soupe d'huile d'olive
6 à 8 ou plus oignons verts en tranches
Beurre
Lait
Muscade (facultatif)
Sel et poivre du moulin

Mettre les pommes de terre dans une grande
casserole et verser suffisamment d'eau froide pour
les couvrir entièrement. Saler. Porter à ébullition,
réduire la chaleur et laisser mijoter à couvert de
15 à 20 min jusqu'à ce qu'elles soient tendres.

Dans une petite poêle, chauffer l'huile à feu
moyen-doux et faire tomber l'oignon vert sans
qu'il prenne couleur.

Égoutter et remettre les pommes de terre dans
la casserole, sur un feu doux, pour les assécher.

Retirer la casserole du feu. Écraser les pommes
de terre au presse-purée ou au pilon. Incorporer
généreusement du beurre, du lait jusqu'à
l'obtention de la texture recherchée. Incorporer les
oignons verts. Râper un peu de muscade si désiré
et vérifier l'assaisonnement.

À utiliser aussi pour vos croquettes ou votre pâté
au poisson.

# Parce qu'on raffole des purées !

# Courge épicée au four

4 à 6 portions

Huile d'olive
1 kg (2 lb) de courge musquée non pelée
Farine ou farine de riz (p. 210)
Sel

**Assaisonnements, au choix**
Curry de Madras
Thym séché et piment moulu (Espelette, Alep)

Préchauffer le four à 200 °C (400 °F). Tapisser une plaque de papier parchemin et huiler généreusement.

Tailler la courge en tranches de 1,5 cm (½ po) d'épaisseur. Bien les saupoudrer de l'assaisonnement choisi et saler.

Couvrir le fond d'une assiette creuse de farine. Enrober entièrement les tranches de courge et les déposer sur la plaque.

Mettre au four et cuire 20 min, retourner les tranches de courge et poursuivre la cuisson de 10 à 15 min jusqu'à ce que la chair soit tendre.

Se mange en entrée avec une salade de roquette ou de cresson, ou en accompagnement d'un rôti ou d'un cari végétarien.

**Maïs parfumé**
Beurre parmesan et poivre (p. 23), beurre au Sriracha (p. 23), huile parfumée au basilic (p. 27)

# Couscous au citron confit

375 ml (1 ½ tasse) de bouillon de poulet ou de légumes
250 ml (1 tasse) de semoule de blé ou d'épeautre
2 c. à soupe et plus d'huile d'olive
1 ½ c. à thé de zeste de citron
1 ½ c. à soupe ou plus de zeste de citron confit (p. 32
   et 210) rincé, épongé, haché finement
   ou 4 c. à soupe d'olives hachées
Roquette ou persil hachés finement (facultatif)
Sel

Dans une casserole, porter à ébullition
le bouillon. Ajouter la semoule, l'huile, le zeste
et le sel au besoin. Couvrir, retirer du feu et
laisser reposer 5 min. Défaire le couscous à
la fourchette. Ajouter le citron confit, la roquette
si désiré et un filet d'huile. Mélanger.

# Couscous aux poivrons

4 portions

250 ml (1 tasse) de poivrons rouges rôtis, pelés,
   épépinés (p. 206) ou en conserve au naturel,
   rincés, épongés
250 ml (1 tasse) de bouillon de poulet ou de légumes
310 ml (1 ¼ tasse) de semoule de blé ou d'épeautre
2 c. à soupe et plus d'huile d'olive
½ c. à thé de sel, au goût
250 ml (1 tasse) de persil haché

Mettre les poivrons dans le récipient du
mélangeur et réduire en purée. Transvider
la purée dans une casserole, verser le bouillon
et porter à ébullition. Ajouter la semoule, l'huile
et le sel. Couvrir, retirer du feu et laisser reposer
5 min. Défaire le couscous à la fourchette.
Incorporer le persil et mélanger.

# Couscous au curry

4 portions

2 c. à soupe et plus d'huile d'olive ou au goût neutre
1 ½ à 2 c. à thé de curry de Madras
¼ c. à thé de curcuma
250 ml (1 tasse) de semoule de blé ou d'épeautre
375 ml (1 ½ tasse) de bouillon de poulet ou de légumes
Feuilles de coriandre ou de ciboulette
   hachées (facultatif)
Pistaches ou pignons rôtis, hachés (facultatif)
Sel

Dans une casserole, chauffer l'huile. Ajouter
le curry et le curcuma et laisser cuire quelques
secondes avant d'ajouter la semoule. Mélanger
pour bien enrober.

Verser le bouillon, saler au goût et porter à
ébullition. Couvrir, retirer du feu et laisser
reposer 5 min.

Défaire le couscous à la fourchette. Incorporer
la coriandre, les pistaches si désiré et un filet
d'huile.

# L'accompagnement minute par excellence !

# Poivrons rôtis

## 6 à 8 portions

4 gros poivrons rouges ou jaunes ou 6 moyens,
   épépinés, en quartiers
3 à 4 c. à soupe d'huile d'olive
2 feuilles de laurier brisées
2 à 4 gousses d'ail, en 2
Thym frais ou séché (facultatif)
Sel

On peut profiter de ces poivrons rôtis au four tous les jours et de toutes sortes de façons, chauds ou tièdes. J'aime bien les faire dans un plat en terre cuite.

Préchauffer le four à 190 °C (375 °F).

Mettre les poivrons dans une poêle, un plat allant au four ou sur une plaque pouvant les contenir serrés en une seule couche.

Bien les enrober d'huile et saler. Éparpiller le laurier, l'ail et le thym si désiré.

Cuire au four de 45 à 60 min jusqu'à ce que les poivrons soient légèrement caramélisés, en les tournant aux 15 min.

Servir avec des saucisses italiennes ou autre viande rôtie. On les utilise en garniture dans les sandwichs, les burgers ou sur une omelette. Ils se mélangent aux salades de légumineuses…

# SALADES
# D'ACCOMPAGNEMENT

# Frisée de tante Cécile

## 4 portions

125 ml (½ tasse) de crème 15 %
60 ml (¼ tasse) et plus de ciboulette
Sel de céleri
Laitue frisée
Poivre du moulin

Verser la crème dans un saladier. Incorporer 60 ml (¼ tasse) de ciboulette, le sel de céleri et le poivre. Ajouter la laitue et touiller.

Garnir généreusement de ciboulette en tronçons.

J'aime la simplicité de déposer sur la table une salade de saison pour accompagner une viande ou un poisson rôtis ; le contraste du chaud et du froid me plaît bien.

La prochaine fois  En saison, ajouter un mélange d'herbes au choix (basilic, estragon…) ou des pétales de fleurs comestibles.
Préparer cette salade avec des feuilles de chêne.

# Salade de haricots verts

## 4 portions

500 g (1 lb) de haricots verts et/ou jaunes ou de haricots ficelles
Zeste de 1 citron
2 c. à thé de jus de citron
2 c. à thé de moutarde à l'ancienne ou autre
4 c. à soupe d'huile d'olive
1 ½ c. à thé d'échalote française hachée finement
8 tomates cerises en 4
Sel et poivre du moulin

Cuire les haricots à l'eau bouillante salée jusqu'à ce qu'ils soient tendres mais encore croquants. Égoutter et transférer dans un bol d'eau froide pour arrêter la cuisson. Égoutter et réserver.

Dans un petit bol, préparer la vinaigrette en fouettant le zeste et le jus de citron, le sel, la moutarde avec l'huile. Incorporer l'échalote.

Transférer les haricots dans un saladier, verser juste ce qu'il faut de vinaigrette, ajouter les tomates et donner quelques tours de moulin à poivre. Bien mélanger avant de servir.

La prochaine fois  Remplacer l'échalote française par des quartiers d'oignons rôtis (p. 202) que l'on défait en pétales.

# COMME DESSERT...

biscuits de maman
biscuits choco-craqués
rochers au chocolat
brownies fondants
cake orange et amandes
plum-pudding sauce au scotch
tarte-croustade aux pommes
flan de yogourt au dulce de leche
salade de petits fruits au basilic
salade d'agrumes

# Biscuits de maman

## 40 biscuits

40 biscuits Graham
250 ml (1 tasse) de beurre
250 ml (1 tasse) de cassonade
125 ml (½ tasse) ou plus d'amandes effilées,
    avec la peau ou mondées

Un des hits de ma mère pendant la période des Fêtes. Tout le monde espère en recevoir !

Préchauffer le four à 180 °C (350 °F). Couvrir une plaque de papier parchemin et disposer les biscuits côte à côte sans laisser d'espace entre chacun.

Dans une petite casserole, à feu moyen, chauffer le beurre et la cassonade en brassant continuellement jusqu'au premier bouillon. Poursuivre la cuisson 1 ½ min, sans cesser de remuer.

Verser la préparation sur les biscuits et garnir d'amandes.

Mettre au four. Après 8 min de cuisson, éteindre le four, laisser la porte entrouverte d'environ 2,5 cm (1 po) durant 1 h.

Ces délicieux biscuits se conservent dans une boîte hermétique quelques semaines.

# Biscuits choco-craqués

## Environ 4 douzaines

225 g (8 oz) de chocolat mi-amer grossièrement haché
310 ml (1 ¼ tasse) de farine
125 ml (½ tasse) de poudre de cacao
2 c. à thé de poudre à pâte
¼ c. à thé de sel
125 ml (½ tasse) de beurre doux à température ambiante
250 ml (1 tasse) de cassonade bien tassée
2 gros œufs
1 c. à thé d'extrait de vanille
80 ml (⅓ tasse) de lait
160 ml (⅔ tasse) de noix de Grenoble grossièrement hachées
250 ml (1 tasse) de sucre à glacer

**Des biscuits tendres, très chocolatés, qui ont vraiment fière allure.**

**Faire fondre** le chocolat au bain-marie ou dans un bol posé sur une casserole d'eau frémissante. Laisser tiédir.

**Dans un bol,** tamiser la farine, le cacao, la poudre à pâte et le sel.

**Dans un autre bol,** à l'aide d'un batteur électrique, mélanger le beurre et la cassonade de 3 à 4 min jusqu'à l'obtention d'une consistance crémeuse.

**Ajouter les œufs,** la vanille et mélanger. Incorporer le chocolat. Sans cesser de battre, ajouter les ingrédients tamisés en alternance avec le lait. Incorporer les noix de Grenoble.

**Envelopper** de pellicule plastique. Mettre au réfrigérateur environ 2 h.

**Préchauffer le four** à 180 °C (350 °F). Utiliser 2 plaques antiadhésives ou couvertes de papier parchemin ou d'une feuille de cuisson en silicone.

**Former des boulettes** de pâte de 2,5 cm (1 po) de diamètre avec une grosse cuillère. Rouler les boulettes dans le sucre à glacer pour les enrober généreusement. Placer les boulettes sur les plaques en les espaçant de 5 cm (2 po). Cuire de 11 à 13 min jusqu'à ce que les biscuits craquent sur le dessus.

**Laisser refroidir** 1 min sur la plaque avant de les transférer sur une grille.

**Conservation** Une semaine dans une boîte hermétique.

# Rochers au chocolat

## 24 bouchées

330 ml (1 ⅓ tasse) d'amandes entières ou en bâtonnets
100 g (3 ½ oz) de chocolat noir (55 à 72 % de cacao),
   haché finement
Fleur de sel

**Préchauffer le four** à 150 °C (300 °F).

**Déposer les amandes** sur une plaque et les mettre au four jusqu'à ce qu'elles soient légèrement dorées (15 min pour les amandes entières ou 10 min pour les bâtonnets). Remuer à mi-cuisson. Hacher grossièrement les amandes entières.

**Faire fondre** les deux tiers du chocolat au bain-marie ou au micro-ondes.
Hors du feu, ajouter le reste du chocolat et brasser jusqu'à ce qu'il soit fondu. Ajouter les amandes et mélanger pour bien les enrober.

**À l'aide d'une cuillère,** former de petits rochers sur une plaque tapissée de papier ciré ou parchemin. Parsemer de cristaux de fleur de sel le dessus des rochers. Laisser durcir.

# Oui, c'est simplissime et délicieux, et la fleur de sel fait tout son effet. On adore !

**La prochaine fois  Crunchy :** Comme Chloé la chocolatière, faire fondre 125 ml (½ tasse) de chocolat blanc ou noir grossièrement haché. Laisser tremper 2 c. à soupe ou plus de canneberges séchées dans l'eau chaude 10 min. Égoutter et bien presser avant de mélanger à 250 ml (1 tasse) de Rice Krispies et au chocolat fondu. Merci Chloé.

# Brownies fondants

## 8 portions

250 ml (1 tasse) de beurre doux

4 œufs à température ambiante

375 ml (1 ½ tasse) de sucre

1 ½ c. à thé d'extrait de vanille ou les graines
de 1 gousse de vanille

2 c. à soupe de mouture de café espresso
ou 80 ml (⅓ tasse) de café espresso serré

180 ml (¾ tasse) de poudre de cacao

125 ml (½ tasse) de farine

¼ c. à thé de sel

**Accompagnements, au choix (facultatif)**

Glace à la vanille, au café ou autre

Crème

Petits fruits frais

**Faire fondre** le beurre et le réserver à température ambiante.

**Préchauffer le four** à 160 °C (325 °F). Beurrer un moule carré de 23 cm (9 po). Prévoir une lèchefrite qui peut contenir le moule.

**Dans un grand bol,** à l'aide du batteur électrique, mélanger les œufs et le sucre au moins 5 min jusqu'à ce que la préparation devienne épaisse et jaune pâle. Ajouter la vanille et la mouture de café espresso.

**Dans un bol,** tamiser ensemble le cacao, la farine et le sel. Incorporer, à basse vitesse, à la préparation d'œufs. Ajouter le beurre fondu et continuer à battre à basse vitesse jusqu'à complète absorption. Verser la préparation dans le moule beurré.

**Mettre le moule** dans une lèchefrite et remplir d'eau chaude jusqu'à mi-hauteur du moule. Cuire environ 1 h. Le gâteau aura la consistance moelleuse du pouding. Pour un gâteau plus ferme, poursuivre la cuisson 15 min de plus.

**À déguster** tel quel ou avec de la crème glacée ramollie quelques minutes au frigo ou l'accompagnement de votre choix.

# Très chocolaté, très moelleux, presque décadent !

**Note** On peut conserver le goût du café, sans les inconvénients de la caféine, en utilisant du déca.

# Cake orange et amandes

## 8 portions

2 oranges moyennes à peau mince, préférablement
    sans pépins
6 œufs
250 ml (1 tasse) de sucre
1 ½ c. à thé de poudre à pâte
375 ml (1 ½ tasse) d'amandes en poudre
Sucre à glacer (facultatif)

## Dans le même mois, on m'en a parlé, on me l'a vanté. Je l'ai goûté, je l'ai aimé. Le voici !

Brosser les oranges et les couvrir d'eau dans une casserole. Porter à ébullition, réduire le feu et laisser mijoter à couvert 1 h. Rajouter de l'eau si nécessaire en cours de cuisson.

Égoutter les oranges et les laisser tiédir. Éliminer les deux extrémités et couper les fruits en quartiers. Retirer les pépins.

Préchauffer le four à 180 °C (350 °F). Beurrer et fariner un moule à charnière de 25 cm (10 po).

Mettre les quartiers d'orange dans le bol du robot culinaire. Broyer jusqu'à l'obtention d'une purée homogène. Mesurer 310 ml (1 ¼ tasse) de purée.

Toujours au robot, battre les œufs et le sucre de 2 à 3 min. Ajouter la poudre à pâte et actionner de nouveau le robot jusqu'à ce que la préparation épaississe et prenne une couleur jaune pâle. Incorporer les amandes et la purée d'orange en 2 ou 3 fois, en actionnant le robot entre chaque addition.

Transférer la préparation dans le moule et enfourner. La cuisson prendra environ 1 h. Le gâteau est prêt lorsque la pointe d'un couteau en ressort propre. Détacher la charnière et le laisser refroidir sur une grille.

Au service, saupoudrer de sucre à glacer si désiré.

**Note** Merci Suzanne Lévesque, merci mon ami Jean. La recette est inspirée de celle de Claudia Roden.

# Plum-pudding sauce au scotch

## 10 à 12 portions

125 ml (½ tasse) de beurre à température ambiante
250 ml (1 tasse) de cassonade à l'ancienne
2 œufs à température ambiante
Zeste de 1 orange râpé finement
250 ml (1 tasse) de canneberges séchées
250 ml (1 tasse) d'abricots séchés, en dés
250 ml (1 tasse) de pommes pelées, en dés
250 ml (1 tasse) de pistaches
250 ml (1 tasse) de farine
250 ml (1 tasse) de chapelure
1 c. à thé de poudre à pâte
½ c. à thé de sel
½ c. à thé de noix de muscade râpée
½ c. à thé de cannelle

### Sauce au scotch

125 ml (½ tasse) de beurre à température ambiante
125 ml (½ tasse) de cassonade à l'ancienne
2 c. à soupe de scotch
125 ml (½ tasse) de crème 35 %

## Un autre grand classique « brit » ; y goûter, c'est adopter la tradition.

Dans un grand bol, à l'aide d'un batteur électrique, battre le beurre et la cassonade. Ajouter les œufs, un à la fois, en mélangeant après chaque addition. À l'aide d'une cuillère en bois, incorporer le zeste d'orange, les fruits et les pistaches.

Dans un autre bol, mélanger les ingrédients secs. Incorporer aux ingrédients liquides.

Beurrer un moule à plum-pudding de 1,5 l (6 tasses) et verser le mélange, en pressant pour enlever les bulles d'air. Refermer le moule hermétiquement (au besoin, couvrir de papier ciré beurré et ficeler autour du moule). Mettre dans une casserole. Remplir d'eau bouillante jusqu'aux trois quarts du moule. Couvrir la casserole et cuire à feu doux, à petits frémissements, 3 h. (À défaut d'un moule à plum-pudding, utiliser un cul-de-poule en acier inoxydable, un plat rond en pyrex, un moule à soufflé. L'important est de le rendre hermétique pour la cuisson.)

Servir chaud, accompagné de sauce au scotch et si désiré de glace à la vanille. Le plum-pudding peut se préparer à l'avance.

Pour le réchauffer, d'abord le tempérer, puis le remettre dans son moule et le replonger dans une casserole d'eau frémissante de 30 à 45 min. On peut aussi réchauffer chaque portion au micro-ondes.

Sauce au scotch
Dans une petite casserole, fondre le beurre à feu moyen. Ajouter la cassonade et mélanger à l'aide d'un fouet. Incorporer le scotch. Ajouter la crème et porter à ébullition. Mijoter 5 min à feu doux-moyen à découvert. Réserver au chaud.

**Conservation** Le plum-pudding se garde au réfrigérateur de 2 à 3 semaines, emballé de papier ciré et de papier d'aluminium.
**Note** Merci à Josée Robitaille qui, en plus d'apporter à ce livre sa touche de styliste avec brio, nous a offert son célèbre dessert.

# Tarte-croustade aux pommes

## 8 à 10 portions

500 ml (2 tasses) et plus de farine

125 ml (½ tasse) de sucre

1 c. à thé de zeste de citron râpé

3 c. à thé de gingembre moulu

80 ml (⅓ tasse) de gingembre confit haché finement

180 ml (¾ tasse) de beurre doux à température
  ambiante

2 jaunes d'œufs à température ambiante

3 c. à soupe de crème sure

**Garniture**

1,8 kg (4 lb) de pommes (8 à 10)

2 c. à soupe de jus de citron

60 ml (¼ tasse) et plus de sucre selon l'acidité
  des pommes

*Une recette qui me plaît beaucoup : pas de pâte à rouler, une allure rustique, un total réconfort.*

Dans un bol, mélanger la farine, le sucre, le zeste de citron, le gingembre moulu et confit.

Dans un grand bol, défaire le beurre avec les doigts ou une fourchette. Incorporer les jaunes d'œufs et la crème sure à l'aide d'une cuillère en bois. Ajouter le mélange de farine. Travailler la pâte avec les doigts. Si nécessaire, ajouter un peu d'eau froide pour lier la pâte. Former une boule, l'aplatir, l'envelopper d'une pellicule plastique et la réfrigérer 30 min.

Préchauffer le four à 180 °C (350 °F). Beurrer un moule à tarte de 25 cm (10 po) ou un moule carré. Saupoudrer le fond de farine.

Préparer la garniture. Peler les pommes et les râper. Dans un bol, les mélanger avec le jus de citron et le sucre.

Couper la boule de pâte en deux. Foncer le moule avec la moitié de la pâte, en pressant avec les doigts.

Avec les mains, transférer les pommes dans la croûte en laissant le liquide au fond du bol. Émietter la pâte restante sur les pommes comme pour une croustade.

Cuire de 50 à 60 min jusqu'à ce que la pâte soit dorée.

Servir chaude ou à température ambiante. On peut accompagner la tarte de crème légèrement fouettée ou de glace à la vanille et la garnir de morceaux de gingembre confit.

**La prochaine fois** **Tarte aux pommes amarettis** : Omettre le gingembre moulu et le gingembre confit dans la croûte. Parsemer 180 ml (¾ tasse) de miettes de biscuits amarettis (p. 210) sur l'abaisse avant d'ajouter les pommes. Tout aussi délicieux avec son goût d'amande.

**Note** Cette tarte s'inspire d'une recette de Naomi Duguid dans son magnifique livre *Home Baking*. Merci Naomi.

# Flan de yogourt au dulce de leche

## 6 portions

1 c. à soupe de gélatine neutre
375 ml (1 ½ tasse) de crème à cuisson 15 %
180 ml (¾ tasse) de dulce de leche
375 ml (1 ½ tasse) de yogourt ou de babeurre

**Garnitures (facultatif)**
Pacanes caramélisées (p. 20) ou biscuits

Dans un petit bol, faire gonfler la gélatine dans 3 c. à soupe d'eau froide 5 min.

Dans une casserole, chauffer la crème et la moitié du dulce de leche à feu moyen, en remuant jusqu'à ce que le dulce de leche soit dissous.

Ajouter la gélatine gonflée en remuant pour la faire fondre complètement. Retirer du feu et laisser tiédir. Incorporer le yogourt en fouettant le mélange.

Partager le reste du dulce de leche dans 6 verres ou ramequins, puis les remplir du mélange.

Réfrigérer au moins 2 h ou jusqu'à ce que le flan soit pris.

Au service, garnir si désiré.

Doux, onctueux, plein de saveur. Et c'est moins gênant que de manger directement à la cuillère dans le pot de dulce de leche !

**Note** Le dulce de leche est un caramel fait à partir de lait (*leche* en espagnol). On le trouve dans certains supermarchés et les épiceries européennes.

# Salade de petits fruits au basilic

## 4 portions

1 l (4 tasses) de petits fruits (framboises, fraises en morceaux, bleuets, mûres)
160 ml (⅔ tasse) d'eau
2 c. à soupe de miel
2 c. à thé de jus de citron ou de lime
60 ml (¼ tasse) de feuilles de basilic déchirées ou ciselées

Préparer les petits fruits et les mettre dans un bol.

Dans une casserole, porter à ébullition l'eau et le miel. Lorsque le miel est dissous, ajouter le jus de citron et le basilic. Retirer du feu et laisser infuser 5 min.

Filtrer le sirop, laisser refroidir et verser sur les fruits. Réserver au réfrigérateur jusqu'au moment de servir. Garnir de basilic.

# Salade d'agrumes

## 6 portions

6 oranges
2 ou 3 pamplemousses
60 ml (¼ tasse) de miel
60 ml (¼ tasse) d'eau
1 c. à soupe d'eau de fleur d'oranger

Peler à vif les agrumes. Retirer les segments, les mettre dans un bol et réserver le jus qui s'est écoulé.

Dans une petite casserole, chauffer le miel, l'eau et le jus des agrumes récupéré jusqu'à ce que le miel soit dissous.

Verser sur les agrumes, ajouter l'eau de fleur d'oranger et bien mélanger. Réserver au réfrigérateur.

Deux belles salades de fruits pour terminer le repas tout en légèreté. Parfum d'été, parfum d'hiver.

SALADES
DE
FRUITS

# LES BASES

Trucs et recettes

# Betteraves

### Les cuire

Préchauffer le four à 190 °C (375 °F). Déposer les betteraves sur un papier d'aluminium, les arroser d'un léger filet d'huile avant de les emballer. Mettre la papillote sur une plaque et faire cuire au four de 45 à 60 min selon la grosseur. Piquer à l'aide d'une fourchette pour en vérifier la cuisson. Les betteraves doivent être tendres. Laisser tiédir et peler.

Pour une cuisson plus rapide, peler et couper les betteraves en quartiers. Emballer dans un papier d'aluminium, avec un filet d'huile et du sel, et cuire à 190 °C (375 °F) environ 30 min.

Version écolo : Dans une cocotte ou un plat à couvercle hermétique allant au four, verser un peu d'eau chaude, disposer les betteraves et cuire à 190 °C (375 °F) de 45 à 60 min selon la grosseur. S'assurer qu'elles ne collent pas en cours de cuisson. Au besoin, ajouter un peu d'eau. Laisser tiédir et peler.

# Câpres

Bouton floral du câprier, ce petit condiment se trouve soit au sel, soit dans le vinaigre ou l'huile d'olive. Les câpres au sel doivent être dessalées avant d'être utilisées. Il suffit de les tremper dans l'eau froide quelques minutes en changeant l'eau, puis de les égoutter.

# Céleri-rave

### Le couper

Brosser et rincer le céleri-rave sous l'eau froide afin d'éliminer la terre. Éponger. Sur une planche, couper le céleri-rave aux deux extrémités afin de le stabiliser. À l'aide d'un couteau de chef, tailler en sections et peler. La lourdeur de la racine témoigne de sa fraîcheur.

# Chou frisé ou kale

### Le tailler

Laver les feuilles du chou frisé. Retirer la partie centrale dure de chaque feuille en coupant dans le sens de la longueur de chaque côté de la tige.

# Crème fraîche

**250 ml (1 tasse) de crème 35 %**
**1 c. à soupe de babeurre ou**
**    de crème sure**

Dans un bol, mélanger la crème et le babeurre. Laisser reposer à température ambiante de 12 à 24 h ou jusqu'à épaississement. La crème, qui se conserve au réfrigérateur jusqu'à 10 jours, continuera à épaissir.

On pourra utiliser la crème fraîche pour accompagner le saumon mariné, la salade de céleri rémoulade, avec des fruits de saison, pour garnir un gâteau, une tarte ou une croustade, réaliser des sauces…

Note : Un restant de babeurre est toujours utile dans la préparation de muffins, de scones ou de pancakes. En plus, il se congèle très bien.

# Épices

### Les torréfier et les moudre

Conserver les épices dans des contenants hermétiques à l'abri de la lumière. Toutes les épices en graines deviennent plus savoureuses lorsqu'elles sont torréfiées, c'est-à-dire rôties à sec. Il est préférable de torréfier seulement la quantité nécessaire au dernier moment afin d'en préserver tous les arômes. Pour ce faire, mettre les épices sans corps gras dans une poêle (suffisamment grande pour que les graines ne soient pas entassées). Chauffer à feu moyen-doux, en tournant les épices dans la poêle à quelques reprises, jusqu'à ce que les arômes se fassent sentir. Laisser refroidir avant de les moudre finement au mortier ou au moulin à café.

# Feuilletés

### 8 à 10 vol-au-vent

**300 g (10 ½ oz) de pâte feuilletée**
**1 jaune d'œuf**
**1 c. à soupe d'eau froide**
**Fleur de sel ou sel de Maldon**
**    (facultatif)**

Préchauffer le four à 200 °C (400 °F).

Abaisser la pâte à 3 mm (⅛ po) d'épaisseur. Couvrir d'une pellicule plastique et réfrigérer 45 min (elle conservera ainsi sa forme à la cuisson). Découper la pâte en carrés de 9 cm (3 ½ po). Déposer les abaisses sur une plaque tapissée de papier parchemin.

Dans un petit bol, combiner le jaune d'œuf et l'eau. Badigeonner les abaisses en prenant soin de ne pas humidifier les côtés. Saupoudrer d'un peu de fleur de sel si désiré. Cuire au centre du four environ 15 min jusqu'à ce que la pâte soit bien dorée. Réserver.

# Galettes de sarrasin

Comme on rate très souvent la première galette, on peut prévoir plus de mélange. De toute façon, les galettes se conservent très bien une fois cuites. Le sarrasin ne contient pas de gluten.

**4 galettes de 25 cm (10 po) ou 8 de 15 cm (6 po)**

**180 ml (¾ tasse) de farine de sarrasin**
**310 ml (1 ¼ tasse) d'eau froide**
**2 c. à soupe de beurre doux fondu**
**Une bonne pincée de sel ou de fleur de sel**

Dans un bol, mettre la farine et faire un puits au centre. Verser l'eau en fouettant jusqu'à ce que la pâte soit lisse, sans grumeaux. Ajouter le beurre fondu et le sel. Laisser reposer au moins 1 h. Si la pâte est trop épaisse, rajouter un peu d'eau jusqu'à l'obtention d'une crème épaisse.

Chauffer une poêle antiadhésive et badigeonner légèrement de beurre (on peut faire glisser un morceau de beurre dans un papier absorbant). Lorsque la poêle est bien chaude, verser une petite louche de pâte et étendre rapidement avec une spatule ou en tournant la poêle (en le faisant, on trouve rapidement le tour de main). Faire cuire quelques minutes et retourner la galette quand le dessous est légèrement doré. Beurrer la poêle entre chaque galette si nécessaire.

Servir tout simplement avec du beurre et du miel, de la mélasse ou du sirop d'érable nature ou parfumé (p. 42). Pour un petit-déjeuner consistant, servir garnie d'un œuf (p. 40) ou avec du saumon fumé, un gravlax (p. 126) et du labneh (yogourt égoutté, p. 206).

# Herbes fraîches

On récupère les tiges des herbes plus coriaces (thym, romarin) en les utilisant dans les marinades ou les grillades, et les tiges plus tendres (persil, coriandre, basilic) dans les bouillons. Les fleurs s'incorporent aussi dans les préparations.

# Légumes

### Les rôtir
### Aubergines

Préchauffer le four à 200 °C (400 °F). Badigeonner d'huile d'olive des tranches d'aubergine d'environ 1 cm (⅜ po) d'épaisseur et les déposer sur une plaque tapissée de papier parchemin. Saler. Cuire de 30 à 40 min ou jusqu'à ce que les tranches d'aubergine soient dorées en prenant soin de les retourner à mi-cuisson.

### Oignons

Préchauffer le four à 200 °C (400 °F). Peler et couper des oignons blancs ou rouges en quartiers ou en tranches. Badigeonner d'huile d'olive. Déposer sur une plaque tapissée de papier parchemin. Saler. Cuire de 20 à 25 min en prenant soin de retourner les oignons à mi-cuisson.

### Les couper en bâtonnets

Pour les poireaux, couper en tronçons, tailler les tronçons en deux sur la longueur, puis couper en bâtonnets.

Pour les carottes et les courgettes, couper en tronçons, tailler les tronçons en tranches sur la longueur, puis couper les tranches en bâtonnets.

# Légumineuses

### Les cuire et les congeler

Avant la cuisson, les légumineuses (pois chiche, dolique à œil noir, cannellini, pinto, haricot blanc, noir ou rouge) nécessitent un temps de trempage variant de 8 à 12 h, à l'exception des lentilles vertes, brunes ou rouges. Pour 250 ml (1 tasse) de haricots secs, on obtient environ le double de haricots cuits.

Si vous n'avez pas le temps de tremper les légumineuses, voici un petit truc rapide : les mettre dans une casserole et les couvrir d'eau froide (environ 5 cm/2 po au-dessus des légumineuses). Porter à ébullition, couvrir puis retirer du feu et laisser reposer 1 h. Reprendre la cuisson jusqu'à ce que les légumineuses soient cuites.

Conserver les légumineuses dans leur eau de cuisson au réfrigérateur pendant quelques jours ou congeler dans cette même eau.

# Noix

### Les choisir, les conserver, les rôtir

Choisir un commerce où on observe un bon renouvellement de produits, car plus les noix sont fraîches, meilleures elles sont. Les conserver au réfrigérateur ou au congélateur dans des récipients hermétiques.

Pour les rôtir, déposer les noix sur une plaque et les cuire au four préchauffé à 180 °C (350 °C) de 8 à 10 min (noix de Grenoble, noisettes, amandes entières, pacanes), de 5 à 7 min (pistaches) ou de 4 à 5 min (amandes effilées, pignons), en surveillant, jusqu'à ce qu'elles soient légèrement dorées.

Pour éliminer la peau des noisettes après les avoir fait griller, on les frotte dans ses mains ou dans un torchon.

# Papillote

### La confectionner

La cuisson en papillote se fait par l'action de la vapeur, il faut donc s'assurer de bien la sceller pour qu'elle soit hermétique. La vapeur ne doit pas s'en échapper.

Déposer les aliments sur un grand carré de papier d'aluminium (ou papier parchemin si la cuisson se fait au four) et plier le papier en deux. Sceller les côtés qui sont encore ouverts en commençant par un des côtés adjacents à celui qui est plié. Replier la bordure du papier sur elle-même jusqu'à ce que les trois côtés soient scellés. Avec les doigts, presser fermement pour qu'elle soit bien hermétique.

Placer au centre du four ou sur la grille d'un barbecue jusqu'à ce que les aliments soient cuits et que la papillote soit bien gonflée. À la sortie du four, attendre quelques minutes. Pratiquer une incision au centre de la papillote à l'aide de ciseaux ou d'un couteau avant de l'ouvrir en prenant soin de ne pas se brûler avec la vapeur. Au service, n'oubliez pas de récupérer le jus de cuisson.

# Poireaux

## Les nettoyer

Débarrasser le poireau de ses feuilles meurtries. Tailler le long du légume sans couper jusqu'aux racines. Le rincer sous l'eau froide en ouvrant les feuilles afin d'éliminer toute trace de terre. Réserver le vert du poireau pour la préparation de bouillons.

# Poivrons

## Les peler

Laver les poivrons, les éponger et les déposer sur une plaque. Cuire environ 40 min au four préchauffé à 200 °C (400 °F) en les retournant après 20 min, puis aux 10 min. Les poivrons auront ramolli et seront légèrement ratatinés et colorés. Sortir les poivrons du four, les mettre dans un bol et couvrir d'un couvercle ou d'une assiette. La vapeur et la condensation ainsi créées aideront à faire décoller la peau et à les peler plus facilement. Laisser les poivrons tiédir, retirer le pédoncule, couper en deux, puis épépiner et peler. Peut se préparer à l'avance. Se conserve de 2 à 3 jours au réfrigérateur.

# Poulet

## Parer en crapaudine

Pour cuire le poulet en crapaudine, le préparer de la façon suivante: le poser sur le dos et, avec des ciseaux à volaille, couper de chaque côté de la colonne vertébrale pour la retirer complètement. Ouvrir le poulet, puis écraser avec la paume de la main pour l'aplatir. (On peut aussi le faire avec un couteau de chef en posant le poulet sur le ventre, en introduisant le couteau dans la cavité et en appuyant fortement pour couper le plus proche de la colonne vertébrale.)

# Quinoa

## Le cuire

Le quinoa n'est pas une céréale, mais bien une pseudo-céréale produite par une plante cousine de la betterave et de l'épinard. Il peut remplacer le riz dans plusieurs recettes (salade, sauté, pilaf). Riche en protéines végétales, en calcium et en magnésium, il renferme plusieurs oligoéléments et ne contient pas de gluten.

**750 ml (3 tasses)**

- **250 ml (1 tasse) de quinoa blanc ou rouge**
- **1 à 2 c. à soupe d'huile d'olive ou de beurre**
- **410 ml (1 ⅔ tasse) de bouillon ou d'eau***
- **1 feuille de laurier ou 1 à 2 anis étoilé (facultatif)**

* Ajouter ½ c. à thé de sel si vous cuisez le quinoa dans l'eau et réduire la quantité de liquide à 375 ml (1 ½ tasse) pour obtenir un quinoa *al dente*.

Bien rincer le quinoa jusqu'à ce que l'eau soit claire. Faire chauffer l'huile à feu moyen et faire revenir le quinoa de 1 à 2 min. Ajouter les autres ingrédients et porter à ébullition. Baisser à feu doux, couvrir et laisser mijoter environ 20 min, un peu plus pour le quinoa rouge. Retirer la casserole du feu et laisser reposer 5 min avant de défaire les grains à la fourchette.

# Tomates

En saison, il faut trouver du temps pour aller au marché ou chez un maraîcher et profiter de la grande variété de tomates (cœur de bœuf, verte Zebra, Green Sausage, poire jaune…) pratiquement impossibles à trouver le reste de l'année. Pour en apprécier au maximum le parfum et la texture, éviter de les mettre au frigo. On les déguste simplement. On les assaisonne et c'est tout. Si on veut, ajouter un filet d'huile, quelques herbes déchirées. À utiliser dans nos salades, sandwichs, salsas…

## Les émonder

Si les tomates sont utilisées dans une recette nécessitant une cuisson, il est préférable de les peler et de les épépiner. Faire une incision en forme de croix à la base. Les plonger dans une eau bouillante de 10 à 15 s ou jusqu'à ce que la peau commence à se détacher. Les transférer dans une eau très froide ou glacée, environ 30 s, pour arrêter le processus de cuisson. Retirer ensuite la peau et le pédoncule à l'aide d'un petit couteau. Couper les tomates en deux, horizontalement, et presser délicatement la chair pour en extraire les graines.

# Yogourt égoutté (labneh)

**250 ml (1 tasse)**

- **500 ml (2 tasses) de yogourt de vache**
- **½ c. à thé de sel (facultatif)**

Si désiré, incorporer le sel au yogourt. Tapisser une passoire de papier absorbant ou de plusieurs épaisseurs de coton à fromage ou, pour une petite quantité, utiliser un filtre à café. Déposer la passoire au-dessus d'un bol et y verser le yogourt. Laisser égoutter 2 h au réfrigérateur jusqu'à ce que la texture ressemble à celle de la crème sure. Dans les pays du Maghreb, du Proche et du Moyen-Orient, ce yogourt égoutté est appelé labneh.

# LEXIQUE

ail

amarettis

citrons confits

curcuma

farine de riz

fleur d'ail

halloom et autres fromages à griller

mélasse de grenade

papadums

parmesan, grana padano, pecorino romano

porcinis séchés

ras el hanout

sumac

wasabi

zaatar

## Ail

Choisir un bulbe d'ail ferme au toucher, ce qui témoigne de sa fraîcheur. Il sera plus juteux et plus aromatique. La peau doit être entière et recouvrir le bulbe au complet. Enfin, il ne doit pas y avoir apparence de germe.

Pour peler de l'ail, écraser une gousse avec la lame d'un couteau de chef en appuyant avec la paume de votre main pour ensuite la peler et la dégermer si nécessaire. Pour terminer, hacher l'ail finement à l'aide d'un couteau bien aiguisé ou utiliser un presse-ail.

## Amarettis

Les amarettis, spécialité italienne, sont de petits biscuits secs, parfois moelleux, composés d'amandes, de blancs d'œufs, de sucre et d'amandes de noyaux d'abricots. Les amarettis peuvent être consommés tels quels, avec un café, un verre de vin santo, ou entrer dans des préparations de desserts. On les trouve dans les épiceries italiennes et dans certains supermarchés. À l'abri de l'humidité, ils se conservent longtemps.

## Citrons confits

Incontournables de la cuisine nord-africaine, utilisés traditionnel-lement dans le fameux poulet aux olives et les tajines de la cuisine marocaine, les citrons confits au sel ont vu leurs usages se multiplier. Que ce soit pour ajouter une touche de soleil à nos plats ou en relever le goût, les possibilités sont nombreuses. On peut les faire à la maison (p. 32) ou les trouver dans les épiceries spécialisées, marocaines ou moyen-orientales.

## Curcuma

Ce rhizome, d'une couleur jaune intense, est principalement connu sous forme d'épice séchée et moulue. D'un goût assez neutre avec une légère amertume, le curcuma est principalement utilisé aux Antilles, dans les pays du Maghreb et d'Asie. D'une grande valeur thérapeutique, c'est un excellent antioxydant, un anti-inflammatoire et un aliment anticancer, en plus d'agir sur les systèmes cardiovasculaire et digestif. On peut l'ajouter moulu aux potages, bouillons, purées de légumes ou de pommes de terre, riz, semoule de blé, quinoa...

## Farine de riz

La farine de riz ne contient pas de gluten. Faite à partir de riz blanc ou brun, elle est très utilisée dans la cuisine asiatique (nouilles chinoises, feuilles de riz). Elle est excellente pour donner un petit côté croustillant aux poissons, viandes et légumes quand on les farine légèrement avant la cuisson. On la trouve dans plusieurs magasins d'alimentation naturelle, les épiceries asiatiques et certaines épiceries fines.

## Fleur d'ail

La fleur d'ail ressemble à une longue tige qui tourne en tire-bouchon. Délicate au goût et pour l'haleine, elle est plus digeste que l'ail. La fleur d'ail fraîche est disponible dans les marchés de juillet à la mi-septembre environ. Elle se conserve plusieurs semaines au réfrigérateur. Dans les épiceries fines, on trouve aussi la fleur d'ail en pot, dans l'huile. Cet ingrédient s'ajoute aux marinades, salades, salsas crues, plats mijotés, pot-au-feu...

## Halloom et autres fromages à griller

Fromage traditionnel de l'île de Chypre à saveur douce et plutôt salée, le halloom peut griller sans fondre. Il existe d'autres fromages du même type qui sont fabriqués au Québec. Ce sont des fromages à pâte demi-ferme saumurée et non affinée. Ils peuvent être consommés frais, mais ils sont surtout utilisés grillés au barbecue (pour les brochettes) ou dorés à la poêle (pour les raclettes). On peut les dessaler en faisant tremper des tranches dans l'eau de 30 à 60 min. Bien les éponger avant de les faire griller. Ces fromages sont disponibles dans plusieurs supermarchés, les fromageries et les épiceries moyen-orientales.

## Mélasse de grenade

La mélasse de grenade est une réduction de jus de grenade, d'une texture dense et sirupeuse et au goût légèrement acidulé et caramélisé. Elle est beaucoup utilisée dans la cuisine libanaise et iranienne. Elle est disponible dans certains supermarchés et les épiceries moyen-orientales.

## Papadums

D'origine indienne, les papadums sont de très minces galettes faites avec de la farine de lentille et de blé, des épices et de l'huile. On les consomme en accompagnement des plats indiens, en entrée ou en collation. Vous trouverez des papadums déjà préparés dans les épiceries indiennes et dans certains supermarchés. On peut les faire frire dans une poêle avec un peu d'huile ou dans une friteuse, mais on préfère les cuire au micro-ondes de 40 à 50 s.

## Parmesan, grana padano, pecorino romano

### Parmesan

Le plus célèbre des fromages italiens est fabriqué de la même manière depuis 700 ans dans la région d'Émilie-Romagne. C'est un fromage au lait cru de vache, vieilli de 12 à 36 mois, voire davantage. Plus il est âgé, plus il est sec et goûteux. Le véritable parmesan porte, gravée dans sa croûte, l'appellation d'origine contrôlée « Parmigiano Reggiano ».

### Grana padano

Le grana padano est un proche cousin du parmesan. Jeune, c'est un excellent fromage ; plus âgé, on l'utilise surtout râpé pour remplacer le parmesan à moindre coût. Le grana padano jeune est parfait pour faire des copeaux.

### Pecorino romano

Le pecorino romano est un fromage au lait de brebis souvent simplement appelé romano. Jeune, on le sert en fromage de table, plus vieux, on l'utilise râpé.

## Porcinis séchés

Porcinis en Italie, cèpes en France et bolets au Québec, peu importe leur nom, ces champignons sont parmi les plus parfumés puisque leur séchage en concentre la saveur. Très « dépanneurs », ils rehaussent un risotto, une pâte ou une sauce. Les porcinis se conservent au-delà d'une année dans un récipient hermétique placé dans un endroit sec et frais. Réhydrater les porcinis séchés dans un peu d'eau chaude, puis égoutter en réservant le liquide. Filtrer ce dernier à travers une passoire fine ou un coton à fromage, car les champignons sauvages peuvent contenir de la terre. Conserver ce liquide pour rehausser les soupes et les sauces.

## Ras el hanout

Le très aromatique ras el hanout est un mélange de plusieurs épices et de fleurs séchées originaire du Maroc mais utilisé dans toute la cuisine du Maghreb. Sa composition varie selon le goût et la créativité des marchands d'épices. Le mélange traditionnel peut contenir jusqu'à 40 ingrédients. Il est utilisé dans les plats de gibier, les tajines, les mijotés, le couscous et même dans certains gâteaux. On peut se le procurer dans les épiceries spécialisées, nord-africaines et moyen-orientales.

## Sumac

Le sumac ressemble à une poudre de couleur pourpre et provient des baies séchées et écrasées de l'arbuste du même nom. Très populaire dans la cuisine moyen-orientale, il ajoute aux plats une touche acidulée, un peu à la manière du citron. On le trouve dans plusieurs magasins d'alimentation naturelle, ainsi que dans les épiceries spécialisées et moyen-orientales.

## Wasabi

Condiment de la cuisine japonaise, le wasabi frais est un rhizome qui ne se conserve pas longtemps, c'est pourquoi on le trouve principalement sous forme de pâte ou de poudre. En pâte préparée, il est prêt à utiliser, en poudre, il faut lui ajouter de l'eau ou du saké. La saveur caractéristique du wasabi est bien connue des amateurs de sushis, makis et sashimis. Sur les tablettes dans la plupart des supermarchés, des épiceries fines et des épiceries asiatiques.

## Zaatar

Le zaatar, thym libanais en arabe, est un mélange d'épices originaire du Moyen-Orient à base de thym et d'origan séchés, de graines de sésame grillées, de sumac moulu et de sel. On peut l'acheter déjà prêt dans les épiceries spécialisées et moyen-orientales ou faire son propre mélange.

# MERCIS

Jean, Josée, Blake, Maxime et Laure
Aux Bohamiens : Linda, Michel, Collin et Patrick
Louise et toute l'équipe de Flammarion Québec : Anne-Saskia, Marie-Claude… merci
L'Agence Goodwin : Marie et Patrick…
Loulou
Monique et Gérald
Brigitte et toute la troupe d'*À la di Stasio*, Zone3 et Télé-Québec
Mes goûteurs : ma famille, Alex, Chantal, André, Colette, Luc, Josée, Nathalie, Marc, Ginette, Jeanne, Robert,
   Delphine et Jules
André
Guillaume
Marie-Claude, merci

À mes invités et à toutes mes rencontres si enrichissantes

Et merci à vous tous qui m'avez accompagnée ces dix dernières années

ACCESSOIRES  Merci pour nous avoir aidés à si bien mettre la table :
Anne et Josée Fillion • Arthur Quentin • À table tout le monde
Boulangerie Guillaume • Ceramik B. • Couleurs • L'Émouleur
Josée Robitaille • La Maison d'Émilie • Maison La Cornue
Moutarde • Quincaillerie Dante • Les Touilleurs

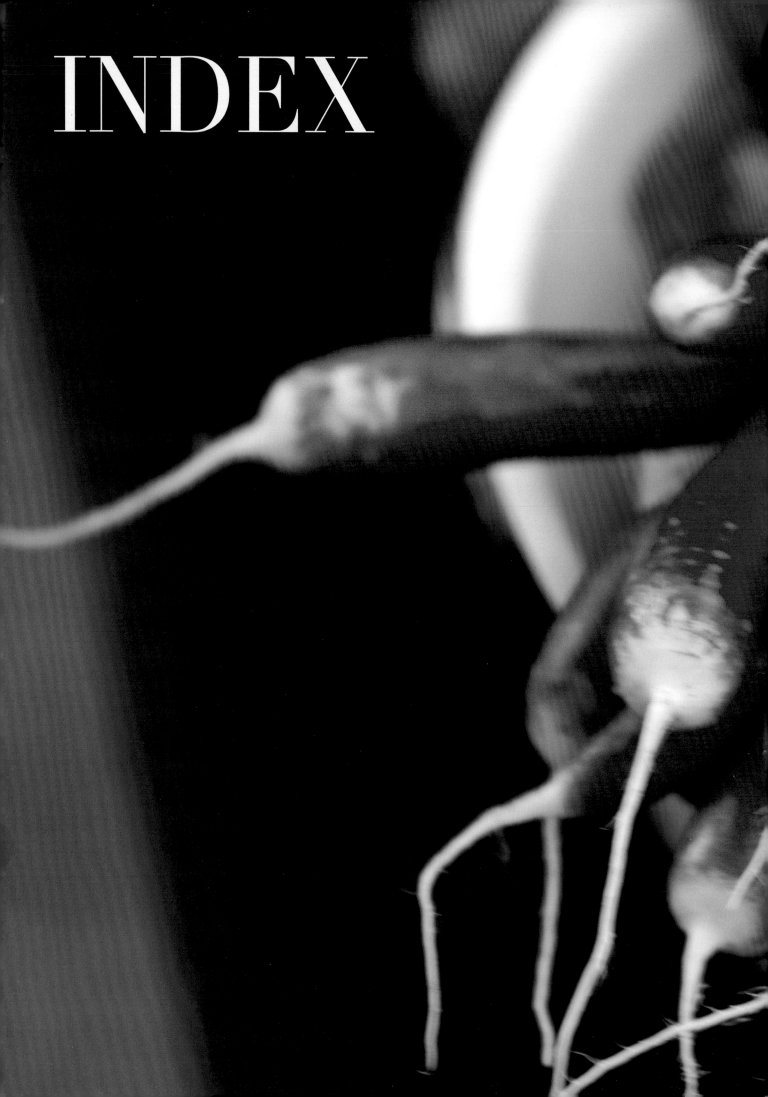

INDEX

219

221